AF454091

Svādhyāya

Chanting book

ISBN: 978-615-00-5848-1

Cover artwork by Deliisium (2019)
Facebook: fb.com/liisaartanddesign
Instragram: instagram.com/deliisium

Editing by Dávid Durvāsās, Balázs Zubák

Second printing edition 2020.

Published by Gabriel Pradīpaka (Gabriel Alfonso Arce)

info@parabhairavayoga.org
www.parabhairavayoga.com

स्वाध्याय

Svādhyāya

Chanting book

2020

Parabhairavayoga

Gabriel Pradīpaka

Preface 9

Előszó (Hungarian preface) 13

Sanskrit pronunciation 17

Szanszkrit kiejtés (Hungarian pronunciation)............. 25

Sanskrit alphabet 31

Vijñānabhairava 33

Mālinīvijayottaratantra 61

Stavacintāmaniḥ 93

Bhaktivilāsa 115

Praṇayaprasāda 121

Adhvavisphuraṇa 125

Parātrīśikā 129

Kuṇḍalinīstavaḥ 137

Anuttarāṣṭikā 141

Bhairavastavaḥ 143

Spandakārikā 145

Śivadṛṣṭi 157

Preface

It is a great pleasure to write this brief preface about a brandnew book in Parabhairavayoga. This book contains the basic texts everybody chants in this spiritual path. For this reason, it is extremely important for the Parabhairavayoga student.

The recitation of scriptural texts is called 'svādhyāya' (sva-adhyāya) and its meaning is multiple: Literally it means 'self-reading' or 'self-study', but a better dictionary translation would be 'reciting or repeating or rehearsing to oneself'. In practice, the meaning boils down to 'recitation of sacred texts', sometimes very long scriptures.

But why is this so important? First of all, the scriptures being recited are exclusively the Tantric ones which are very sacred and dear to us. Secondly, the practice of svādhyāya is a Yoga in itself because when you are doing it you have to be extremely concentrated on the text being chanted while keeping a comfortable/healthy posture of the body. This increases your concentration skills enormously, which will be very useful during your meditations. Besides, the body is disciplined by means of the practice of a comfortable/healthy cross-legged pose with one hand on your knee and the other keeping the book in front of you, and of course, with your spinal column fully straight.

It is very traditional to practice a combo of things successively: (1) Haṭhayoga, (2) svādhyāya and finally (3) meditation. This three-hours combo (one hour of Haṭhayoga, one hour of chanting and one hour of meditation) is recommended. If you try to meditate only, then you will be more time dealing with your restless mind and so on. But if you practice Haṭhayoga for one hour plus chanting for another hour, your meditation will be like a rocket to the moon. Of course, not all students have three free hours every day to do this, and then they should be practical and adapt their practices to their lives. Anyway, the abovementioned combo is highly recommended by me in order to make fast solid progress in Parabhairavayoga.

And because the 'time' thing is a problem for students everywhere, they should be practical always. For example, if they want to chant one hour every day but they have only half an hour in the morning and, say, half an hour during the afternoon, they are permitted to split the recitation. The important thing is that at the end of the day they can attain their one hour goal. So, the recommended period of time for practicing svādhyāya is one hour every day, but the minimum is half an hour. Less than this and the practice is not delivering the results you want.

While you do svādhyāya, your attention is solely concentrated on the text, stopping any mental distraction. You will notice that if you are hardly distracted at that time, you will have problems to return to the exact point you left before. All in all, the practice of svādhyāya forces you to be completely onepointed. With onepointedness comes success in Parabhairavayoga indeed.

Finally, I want to extend my most sincere thanks to Balázs Zubák, one of my students who was in charge of the edition of this crucial book in Parabhairavayoga. And by means of this act, I also want to extend my most sincere thanks to anybody working on this project which is for the elevation of all Parabhairavayogī-s and Parabhairavayoginī-s.

Iti śivam! – May there be welfare for all!

Gabriel Pradīpaka

Guru and founder of the Parabhairavayoga path

December 30th, 2018 – Moscow, Russian Federation

Előszó

(Hungarian preface)

Nagy örömömre szolgál, hogy megírhatom a Parabhairavayoga legújabb könyvének e rövid bevezetőjét. Ez a könyv tartalmazza az alap szövegeket, melyeket mindenki recitál ezen a spirituális úton. Ebből kifolyólag, ez roppant fontos egy Parabhairavayoga tanítványnak.

A szent szövegek recitációját 'svādhyāya'-nak (sva-adhyāya) hívják, melynek több jelentése van: szó szerint azt jelenti 'ön-olvasás' vagy 'ön-tanulmányozás', de egy jobb szótári fordítás úgy szólna, hogy 'önmagának recitál vagy ismétel vagy próbál'. A gyakorlatban a jelentése 'szent szövegek recitációja', melyek olykor nagyon hosszúak.

De miért olyan fontos ez? Először is, kizárólag Tantrikus szövegeket recitálunk, melyek szentsége kimagasló, így azok számunkra nagyon kedvesek. Másodsorban, a svādhyāya gyakorlása önmagában is Yoga praxis, mivel amikor ezt végzed, akkor nagyon erősen koncentrálnod kell a recitált szövegre, miközben a testet meg kell tartanod egy kényelmes/egészséges pózban. Ez kiválóan fejleszti a koncentrációs képességed, ami nagyon hasznos lesz a meditációid során. Mindemellett, a test is fegyelmezve lesz a gyakorlás által, ahogy e kényelmes/egészséges pózban ülve keresztbe tett lábbal, egyik kezed a térdeden, másikban pedig e könyvet tartod magad előtt, és természetesen mindezt teljesen egyenes gerincoszloppal.

A hagyományban gyakran szokták a következők kombinációját egymás után gyakorolni: (1) Haṭhayoga, (2) svādhyāya és végül (3) meditáció. Ez a kombináció egy három órás gyakorlatsor formájában (egy óra Haṭhayoga, egy óra recitálás és egy óra meditáció) ajánlott. Ha csak meditálni próbálsz, akkor több időt fogsz eltöltelni azzal hogy az elméddel foglalkozol, stb. De ha Haṭhayoga-t gyakorolsz egy órán át, e mellett recitálsz még egy órát, a meditációd olyan lesz mint egy Holdra kilőtt rakéta. Természetesen nem minden tanítványnak van három óra szabadideje minden nap gyakorolni, így nekik praktikusnak kell lenniük és a gyakorlatokat adaptálni az életükhöz. Mindenesetre, a fent említett gyakorlatsort erősen ajánlom a Parabhairavayoga-ban való gyors és szilárd előrehaladás érdekében.

És mivel az 'idő' témaköre bárhol, bármilyen tanítványnak probléma, muszáj gyakorlatiasnak lenni. Például, ha recitálni akarnak egy órát minden nap, de csak fél órájuk van reggel, és mondjuk fél órájuk délután, akkor megengedett számukra, hogy két részre bontsák a recitációt. Az a fontos, hogy a nap végére elérjék az egy órás céljukat. Tehát az ajánlott gyakorlási idő a svādhyāya-hoz egy óra naponta, de minimum fél óra. Ennél kevesebb gyakorlás nem hozza a kívánt eredményt.

Amíg gyakorlod a svādhyāya-t, a figyelmed egyedül a szövegekre összpontosul, megállítva minden mentális zaklatottságot. Észre fogod venni, hogyha közben egy kicsit is lankad a figyelmed, problémáid lesznek a korábban elhagyott ponthoz való visszatéréssel. Összességében, a svādhyāya gyakorlása arra kényszerít téged, hogy teljesen összpontosított légy. Az összpontosításon keresztül, tényleges siker éretik el a Parabhairavayoga-ban.

Végezetül, szeretném kifejezni legőszintébb köszönetemet, egyik tanítványomnak, Zubák Balázsnak, aki a Parabhairavayoga e fontos könyvének szerkesztéséért felelt. És megragadván a lehetőséget, szeretném kifejezni legőszintébb köszönetem mindenkinek aki ezen a projekten dolgozik, mely minden Parabhairavayogī és Parabhairavayoginī felemeléséért létezik.

Iti śivam! – Jöjjön jólét mindenki számára!

Gabriel Pradīpaka

Guru-ja és alapítója a Parabhairavayoga ösvénynek.

2018. December 30. - Moszkva, Oroszországi Föderáció

Sanskrit pronunciation

Vowels: There is a measure unit called "**mātrā**" or time gap needed to pronounce a short vowel (like "a"). Short vowels (**a, i, u, ṛ, ḷ**) last 1 **mātrā**, while long vowels (**ā, ī, ū, ṝ**) and diphthongs (**e, ai, o, au**) last 2 mātrā-s. In turn, **Anusvāra** (**ṁ**) and **Visarga** (**ḥ**) last ½ mātrā.

Consonants: One of the remarkable things about Sanskrit is that the consonants are syllabic, that is to say, they carry the vowel "**a**". Without the "**a**" they could not be pronounced, because the "**a**" is the supreme letter. Most of the vowels (except the **Anusvāra** "**ṁ**" and the **Visarga** "**ḥ**") can be pronounced by themselves, without the necessity of consonants or other vowels, but the consonants cannot be pronounced without vowels. This clearly speaks of an entire philosophical model hidden in these simple characters. The vowels and their sounds have predominantly to do with what is superior and independent, while the consonants (mainly those of the first and second groups) have predominantly to do with lower stages of the Creation. The topic is far more extensive, no doubt. This has only been a mere "hint" of a peculiar characteristic of the Sanskrit: it is a language extremely elaborate in total agreement with a science that hides itself behind it. This is the wonderful thing regarding this language.

Dev.	IAST	Pronunciation of vowels
अ	a	Of course, it should not be pronounced just as in English at all. Your mouth should not be widely open, but it should be open just as if you were to pronounce "o". This vowel sound is felt in the throat, therefore it is Guttural. (1 mātrā)
आ	ā	The last vowel doubled (twice). (2 mātrā-s)
इ	i	It should be pronounced just as "i" in *bit*. The sound is felt in the palate, therefore this vowel is Palatal. (1 mātrā)
ई	ī	The last vowel doubled (twice). (2 mātrā-s)
उ	u	It should be pronounced just as "u" in *put*. The sound is felt in the lips, therefore this vowel is Labial. (1 mātrā)
ऊ	ū	The last vowel doubled (twice). (2 mātrā-s)
ऋ	r̥	The tongue is rolled slightly backward, pressing against the roof. After that, "ri"' sound is to be pronounced. The "r" is stronger than English "r". I could not find any exact example in English. The sound is felt in the roof of the mouth, therefore this vowel is Cerebral (or Cacuminal). (1 mātrā)
ॠ	r̥̄	The last vowel doubled (twice) (2 mātrā-s)
ळ	l̥	The "r̥" with a "l" in the beginning. This "l" is to be pronounced with the tongue pressing the back of the teeth. Since the sound is felt in the back of the teeth first and then in the roof, this vowel is Cerebral-Dental. (1 mātrā)
ए	e	It is a diphthong (a + i). For that reason, it begins just as the "e" in *bed*, but in the end a little "i" (as in *bit*) appears. This vowel is a long one (2 mātrā-s). It is Guttural-Palatal.

Dev.	IAST	Pronunciation of vowels
ऐ	ai	It is a special diphthong (a + e). The stress is on "i" not "a". It is a long vowel (2 mātrā-s). This vowel is Guttural-Palatal.
ओ	o	It is a diphthong (a + u). For that reason, it begins just as "o" in *pot*, but in the end a little "u" (as in *put*) appears. This vowel is a long one (2 mātrā-s). It is Guttural-Labial.
औ	au	It is a special diphthong (a + o). The stress is on "u" not "a". It is a long vowel (2 mātrā-s). This vowel is Guttural-Labial.
अं	aṁ	It is called Anusvāra, because it always comes after a vowel. It is a nasal lengthening of a vowel, just as "m" but pronounced through the nose (the mouth is shut). It lasts ½ mātrā. Here we can see it united with "a".
अः	aḥ	It is called Visarga (emission), because it is pronounced through an emission of air. This vowel sounds just as "h" in *home*. Sometimes, an echo of the preceding vowel is to be pronounced too. This echo is used if the Visarga (in the end of the word, obviously) belongs to a word placed at the end of a sentence. In turn, if the word is placed somewhere else, the echo is not pronounced. This vowel lasts ½ mātrā. Here we can see it united with "a".

Dev.	IAST	Pronunciation of consonants
क	ka	It is a unaspirate hard letter. In short, this letter does not reverberate (hard), and it does not need any exhalation (unaspirate) to be pronounced. It is just as "k" in *kick*.
ख	kha	It is an aspirate hard letter. In short, this letter does not reverberate (hard), but it does need an exhalation (aspirate) to be pronounced. Just as "k" but with an exhalation of air.
ग	ga	It is a unaspirate soft letter. In short, this letter does reverberate (soft), but it does not need any exhalation (unaspirate) to be pronounced. It is just as "g" in *game*.
घ	gha	It is an aspirate soft letter. In short, this letter reverberates (soft), and it needs an exhalation (aspirate) to be pronounced. Just as "g" but with an exhalation of air.
ङ	ṅa	It is a nasal soft letter. It sounds just as "n" in *bang*. All nasal letters are soft.
च	ca	It is a unaspirate hard letter. In short, this letter does not reverberate (hard), and it does not need any exhalation (unaspirate) to be pronounced. It is just as "ch" in *champion*, but it is written "c" not "ch". Careful!
छ	cha	It is an aspirate hard letter. In short, this letter does not reverberate (hard), but it does need an exhalation (aspirate) to be pronounced. Just as "c" but with an exhalation of air. It does not sound like English "ch". Careful!

Dev.	IAST	Pronunciation of consonants
ज	ja	It is a unaspirate soft letter. In short, this letter does reverberate (soft), but it does not need any exhalation (unaspirate) to be pronounced. It is just as "**j**" in *Jane*.
झ	jha	It is an aspirate soft letter. In short, this letter reverberates (soft), and it needs an exhalation (aspirate) to be pronounced. Just as "**j**" but with an exhalation of air.
ञ	ña	It is a nasal soft letter. It sounds like "**nya**". All nasal letters are soft.
ट	ṭa	It is a unaspirate hard letter. In short, this letter does not reverberate (hard), and it does not need any exhalation (unaspirate) to be pronounced. It is just as "**ta**" but with the tongue rolled slightly backward (pressing against the roof).
ठ	ṭha	It is an aspirate hard letter. In short, this letter does not reverberate (hard), but it does need an exhalation (aspirate) to be pronounced. Just as "**ṭa**" but with an exhalation of air.
ड	ḍa	It is a unaspirate soft letter. In short, this letter does reverberate (soft), but it does not need any exhalation (unaspirate) to be pronounced. It is just as "**da**" but with a slight rolling back of the tongue.
ढ	ḍha	It is an aspirate soft letter. In short, this letter reverberates (soft), and it needs an exhalation (aspirate) to be pronounced. Just as "**ḍa**" but with an exhalation of air.
ण	ṇa	It is a nasal soft letter. It sounds like "**n**" but with a slight rolling back of the tongue (as in *turn*). All nasal letters are soft.

Dev.	IAST	Pronunciation of consonants
त	ta	It is a unaspirate hard letter. In short, this letter does not reverberate (hard), and it does not need any exhalation (unaspirate) to be pronounced. It is just as "**t**" in *time*, with the tongue pressing the back of the teeth.
थ	tha	It is an aspirate hard letter. In short, this letter does not reverberate (hard), but it does need an exhalation (aspirate) to be pronounced. Just as "**ta**" but with an exhalation of air.
द	da	It is a unaspirate soft letter. In short, this letter does reverberate (soft), but it does not need any exhalation (unaspirate) to be pronounced. It is just as "**d**" in *doubt*.
ध	dha	It is an aspirate soft letter. In short, this letter reverberates (soft), and it needs an exhalation (aspirate) to be pronounced. Just as "**da**" but with an exhalation of air.
न	na	It is a nasal soft letter. It sounds like "**n**" in *name*. All nasal letters are soft.
प	pa	It is a unaspirate hard letter. In short, this letter does not reverberate (hard), and it does not need any exhalation (unaspirate) to be pronounced. It is just as "**p**" in *pink*.
फ	pha	It is an aspirate hard letter. In short, this letter does not reverberate (hard), but it does need an exhalation (aspirate) to be pronounced. Just as "**pa**" but with an exhalation of air.

Dev.	IAST	Pronunciation of consonants
ब	ba	It is a unaspirate soft letter. In short, this letter does reverberate (soft), but it does not need any exhalation (unaspirate) to be pronounced. It is just as "b" in *boat*.
भ	bha	It is an aspirate soft letter. In short, this letter reverberates (soft), and it needs an exhalation (aspirate) to be pronounced. Just as "ba" but with an exhalation of air.
म	ma	It is a nasal soft letter. It sounds like "m" in *make*. All nasal letters are soft.
य	ya	It is a palatal soft letter. The sound is just as "y" in *yet*. All Semivowels are soft, that is to say, they reverberate.
र	ra	It is a cerebral soft letter. The "r" is not just as the English "r" at all. The tongue rolls slightly backward till it presses against the roof, but not the soft palate. And the sound is slightly stronger than English "r" sound. Listen to it carefully.
ल	la	It is a dental soft letter. The sound is just as "l" in *land*, but with the tongue fully pressing the back of the teeth.
व	va	It is a labial soft letter. The sound is just as "v" in *vain*, but sometimes, when it comes after a consonant it is usually pronounced as "u" (Sanskrit "u", not English "u"). For example: *svāmī* (master) is generally articulated as suāmī. However, you can also pronounce *svāmī*, and it is correct too.

Dev.	IAST	Pronunciation of consonants
श	śa	It is a palatal hard letter. The sound is just as "**sh**" in *sh*ow. All Sibilants are hard, that is to say, they do not reverberate.
ष	ṣa	It is a cerebral hard letter. The sound is just as "**śa**", but with a slight rolling back of the tongue.
स	sa	It is a dental hard letter. The sound is just as "**s**" in *surf*.
ह	ha	It is a guttural soft letter. The sound is just as "**h**" in *hello*.

Szanszkrit kiejtés

(Hungarian pronunciation)

Magánhangzók: A hangok kiejtésének időtartamát, úgynevezett "**mātrā**" mértékegység jelöli. Egy **mātrā**, egy rövid magánhangzó (**a, i, u, ṛ, ḷ**) kiejtésének ideje, például ha kimondjuk az "**a**" betűt, egy mātrā hosszan fog tartani, míg a hosszú magánhangzók (**ā, ī, ū, ṝ, ḹ**) és kettőshangzók (**e, ai, o, au**) ideje két mātrā, vagyis egy mātrā hang ("a") kiejtésének megduplázott időtartama (aa=ā). Mint utolsó hang, **anusvāra** (ṁ) és **visarga** (ḥ) viszont ½ **mātrā**, ami pl. a "felejtsd" szóban, kimondva, a "t" vagy "s" betű kiejtésének ideje.

Mássalhangzók: A Szanszkrit nyelv egyik érdekessége, hogy a mássalhangzók mind szótagok, vagyis magukkal hordják az "**a**" magánhangzót. "**a**" nélkül nem lehet kiejteni őket, mert az "**a**" a legfontosabb betű. A legtöbb magánhangzó (**Anusvāra** "ṁ" és **Visarga** "ḥ" kivételével) önmagában kiejthető, bármiféle mássalhangzó vagy másik magánhangzó nélkül, de a mássalhangzóknál ez nem lehetséges. Egy teljes filozófiai mélység van tehát elrejtve ezekben az egyszerű karakterekben. A magánhangzók és kiejtett hangjaik, mindig a legmagasabb értelmezéssel, vagyis a függetlenséggel párosulnak, míg a mássalhangzók (főleg az első és második csoport), a Teremtés szintjeivel kapcsolatosak. A téma kétségtelenül sokkal kiterjedtebb. Ez csupán egy kis beteknités volt a Sanskrit karakterisztikájába: ez a nyelv nagyon összetett, mely teljesen összeegyeztethető a tudománnyal amit magában rejt. Ez a csodálatos ebben a nyelvben.

Dev.	IAST	Magánhangók kiejtése
अ	a	Rövid "**á**" hang. (1 mātrā)
आ	ā	Hoszú, nyújtott "**á**", mint *álom, átlag*. (2 mātrā)
इ	i	Rövid "**i**", mint *inni, igyekezni*. (1 mātrā)
ई	ī	Hosszú "**í**", mint *ír, ítélet*. (2 mātrā)
उ	u	Rövid "**u**", mint *ugrik, ultima*. (1 mātrā)
ऊ	ū	Hosszú "**ú**", mint *út, súly*. (2 mātrā)
ऋ	ṛ	Rövid "**r**" és "**i**" betű, "**ri**", az "**r**" hangsúlyos, mint *riad, ritka*. (1 mātrā)
ॠ	ṝ	Rövid "**r**" és hosszú "**í**" betű, "**rí**", az "**r**" szintén hangsúlyos, viszont nyújtottabb "**í**", mint *rím*. (2 mātrā)
ऌ	ḷ	Az "**l**" és "**ṛ**" együtt, "**lri**", elsőként "**l**" majd hangsúlyosabb "**ṛ**", mint *elriad*. (1 mātrā)
ए	e	Kettőshangzó, rövid "**é**" végén egy "**i**" hang, mint *éj*, egy nem teljesen kiejtett "**j**" hanggal. (2 mātrā)
ऐ	ai	Kettőshangzó, rövid "**á**" és "**i**" hang, "**ái**", mint *munkái, máig*. (2 mātrā)
ओ	o	Kettőshangzó, rövid "**o**" és "**u**" hang, "**o-u**", nincs magyar megfelelője. (2 mātrā)
औ	au	Kettőshangzó, rövid "**á**" és "**u**" hang, mint *ráun*. (2 mātrā)
अं	aṁ	**aṁ** (ं) avagy anusvāra mindig magánhangzót követ, mint annak meghosszabbítása, zengetése. Zárt szájjal, orron keresztül hangsúlyos "**m**" hang. (½ mātrā)
अः	aḥ	**aḥ** (ः) avagy visarga, az adott magánhangzó utáni levegő kiengedés, "**h**", mint **h**-aza. Esetekben a visarga "**h**" előtti magánhangzó visszhangként hozzákapcsolódik kiejtésnél, pl. *bhairavaḥ*, kiejtve: *bhairavaha, siddhiḥ*, kiejtve: *siddhiḥi*. (½ mātrā)

Dev.	IAST	Mássalhangzók kiejtése
क	ka	Rövid "**k**-a", mint *könyv*. Óvatosan, nem kell erősebben kilélegezve hangot formálni mellé, mint "h".
ख	kha	Szintén rövid "**k**", a különbség az, hogy a "**k**" hang után nyomatékosabb a levegő kiengedése, amiből lesz "**kha**", mint *khán*.
ग	ga	Rövid "**g**-a", mint *galamb*. Óvatosan, nem kell erősebben kilélegezve hangot formálni mellé, mint "h".
घ	gha	Szintén rövid "**ga**" betű, a különbség az, hogy a "**g**" hang után nyomatékosabb a levegő kiengedése, amiből lesz "**gha**".
ङ	ṅa	Rövid nazális "**n**" hang, mint *naracs*.
च	ca	Rövid "**cs**a", mint *csillag, csónak*. Óvatosan, nem kell erősebben kilélegezve hangot formálni mellé, mint "h".
छ	cha	Szintén rövid "**cs**a", a különbség annyi, hogy a "**cs**" hang után nyomatékosabb a levegő kiengedése, amiből lesz "**csha**".
ज	ja	Rövid "**dzs**a", mint *lándzsa*. Óvatosan, nem kell erősebben kilélegezve hangot formálni mellé, mint "h".
झ	jha	Szintén rövid (**dzs**a), a különbség annyi, hogy a "**dzs**" hang után nyomatákosabb a levegő kiengedése, amiből lesz "**dzsha**".
ञ	ña	Rövid "**ny**-a", mint *nyak*.
ट	ṭa	Rövid "**ta**", amit a nyelv kissé hátrahajlításával, a szájpadláshoz nyomva kell kiejteni.

Dev.	IAST	Mássalhangzók kiejtése
ठ	ṭha	Szintén rövid "**ta**", amit hasonlóan kell kiejteni, annyi különbséggel, hogy a "**t**" hang után nyoma tékosabb a levegő keingedése, amiből lesz "**tha**".
ड	ḍa	Rövid "**da**", amit a nyelv kissé hátrahajlításával, a szájpadláshoz nyomva kell kiejteni.
ढ	ḍha	Szintén rövid "**dha**", amit hasonlóan kell kiejteni, annyi különbséggel, hogy a "**d**" hang után nyomatékosabb a levegő keingedése, amiből lesz "**dha**".
ण	ṇa	Rövid "**na**", amit a nyelv kissé hátrahajlításával, a szájpadláshoz nyomva kell kiejteni.
त	ta	Rövd "**ta**", mint *titok*. Óvatosan, nem kell erősebben kilélegezve hangot formálni mellé, mint "h".
थ	tha	Szintén rövid "**ta**", annyi különbséggel, hogy a "**t**" hang után nyomatékosabb a levegő kiengedése, amiből lesz "**tha**".
द	da	Rövid "**da**", mint *dallam*. Óvatosan, nem kell erősebben kilélegezve hangot formálni mellé, mint "h".
ध	dha	Szintén rövid "**da**", annyi különbséggel, hogy a "**d**" hang után nyomatékosabb a levegő kiengedése, amiből lesz "**dha**".
न	na	Rövid "**n**-a", mint **n**-agy.
प	pa	Rövid "**pa**", mint *pipacs*. Óvatosan, nem kell erősebben kilélegezve hangot formálni mellé, mint "h".
फ	pha	Szintén rövid "**pa**", annyi különbséggel, hogy a "**p**" hang után nyomatékosabb a levegő kiengedése, amiből lesz "**pha**".

Dev.	IAST	Mássalhangzók kiejtése
ब	ba	Rövid "ba", mint *banán*. Óvatosan, nem kell erősebben kilélegezve hangot formálni mellé, mint "h".
भ	bha	Szintén rövid "ba", annyi különbséggel, hogy a "b" hang után nyomatékosabb a levegő kiengedése, amiből lesz "bha".
म	ma	Rövid "ma", mint *magyar*.
य	ya	Rövid "ja", mit *javít*.
र	ra	Rövid "ra", mint *ráció*.
ल	la	Rövid "la", mint *lapul*.
व	va	Rövid "va", mint *virág*.
श	śa	Rövid "sa", mint *sima*.
ष	ṣa	Szintén rövid "sa", amit a nyelv kissé hátrahajlításával kell kiejteni.
स	sa	Rövid "sza", mint *szeretet*.
ह	ha	Rövid "ha", mint *hello*.

Sanskrit alphabet

Vowels															
अ	आ	इ	ई	उ	ऊ	ऋ	ॠ	ऌ	ॡ	ए	ऐ	ओ	औ	अं	अः
a	ā	i	ī	u	ū	ṛ	ṝ	ḷ	ḹ	e	ai	o	au	aṁ	aḥ

Consonants

First group

Subgroups	Hard		Soft		
	Unaspirate	Aspirate	Unaspirate	Aspirate	Nasals
Gutturals	क	ख	ग	घ	ङ
	ka	kha	ga	gha	ṅa
Palatals	च	छ	ज	झ	ञ
	ca	cha	ja	jha	ña
Cerebrals (Cacuminals)	ट	ठ	ड	ढ	ण
	ṭa	ṭha	ḍa	ḍha	ṇa
Dentals	त	थ	द	ध	न
	ta	tha	da	dha	na
Labials	प	फ	ब	भ	म
	pa	pha	ba	bha	ma

Second group

Semivowels	य	र	ल	व
	ya	ra	la	va

Third group

Sibilants	श	ष	स
	śa	ṣa	sa

Fourth group

Sonant aspirate	ह
	ha

विज्ञानभैरव

Vijñānabhairava

Śrīdevyuvāca|
Śrutaṁ deva mayā sarvaṁ
rudrayāmalasambhavam|
Trikabhedamaśeṣeṇa
sārātsāravibhāgaśaḥ||1||

Adyāpi na nivṛtto me
saṁśayaḥ parameśvara|
Kiṁ rūpaṁ tattvato deva
śabdarāśikalāmayam||2||

Kiṁ vā navātmabhedena
bhairave bhairavākṛtau|
Triśirobhedabhinnaṁ vā
kiṁ vā śaktitrayātmakam||3||

Nādabindumayaṁ vāpi
kiṁ candrārdhanirodhikāḥ|
Cakrārūḍhamanackaṁ vā
kiṁ vā śaktisvarūpakam||4||

Parāparāyāḥ sakala-
maparāyāś ca vā punaḥ|
Parāyā yadi tadvatsyā-
tparatvaṁ tadvirudhyate||5||

Na hi varṇavibhedena
dehabhedena vā bhavet|
Paratvaṁ niṣkalatvena
sakalatve na tadbhavet||6||

Prasādaṁ kuru me nātha
niḥśeṣaṁ chindhi saṁśayam|

Bhairava uvāca|

Sādhu sādhu tvayā pṛṣṭaṁ
tantrasāramidaṁ priye||7||

Gūhanīyatamaṁ bhadre
tathāpi kathayāmi te|
Yatkiñcitsakalaṁ rūpaṁ
bhairavasya prakīrtitam||8||

Tadasāratayā devi
vijñeyaṁ śakrajālavat|
Māyāsvapnopamaṁ caiva
gandharvanagarabhramam||9||

Dhyānārthaṁ bhrāntabuddhīnāṁ
kriyāḍambaravartinām|
Kevalaṁ varṇitaṁ puṁsāṁ
vikalpanihatātmanām||10||

Tattvato na navātmāsau
śabdarāśirna bhairavaḥ|
Na cāsau triśirā devo
na ca śaktitrayātmakaḥ||11||

Nādabindumayo vāpi
na candrārdhanirodhikāḥ|
Na cakrakramasambhinno
na ca śaktisvarūpakaḥ||12||

Aprabuddhamatīnāṁ hi
etā balavibhīṣikāḥ|
Mātṛmodakavatsarvaṁ
pravṛttyarthamudāhṛtam||13||

Dikkālakalanonmuktā
deśoddeśāviśeṣinī|
Vyapadeṣṭumaśakyāsā-
vakathyā paramārthataḥ||14||

Antaḥ svānubhavānandā
vikalponmuktagocarā|
Yāvasthā bharitākārā
bhairavī bhairavātmanaḥ||15||

Tadvapustattvato jñeyaṁ
vimalaṁ viśvapūraṇam|
Evaṁvidhe pare tattve
kaḥ pūjyaḥ kaśca tṛpyati||16||

Evaṁvidhā bhairavasya
yāvasthā parigīyate|
Sā parā pararūpeṇa
parādevī prakīrtitā||17||

Śaktiśaktimatoryadva-
dabhedaḥ sarvadā sthitaḥ|
Atastaddharmadharmitvā-
tparāśaktiḥ parātmanaḥ||18||

Na vahnerdāhikā śakti-
rvyatiriktā vibhāvyate|
Kevalaṁ jñānasattāyāṁ
prārambho'yaṁ praveśane||19||

Śaktyavasthāpraviṣṭasya
nirvibhāgena bhāvanā|
Tadāsau śivarūpī syā-
tśaivī mukhamihocyate||20||

Yathālokena dīpasya
kiraṇairbhāskarasya ca|
Jñāyate digvibhāgādi
tadvacchaktyā śivaḥ priye||21||

Śrīdevyuvāca|

Devadeva triśūlāṅka
kapālakṛtabhūṣaṇa|
Digdeśakālaśūnyā ca
vyapadeśavivarjitā||22||

Yāvasthā bharitākārā
bhairavasyopalabhyate|
Kairupāyairmukhaṁ tasya
parā devi kathaṁ bhavet||23||

Yathā samyagahaṁ vedmi
tathā me brūhi bhairava|

Śrībhairava uvāca|

Ūrdhve prāṇo hyadho jīvo
visargātmā paroccaret|
Utpattidvitayasthāne
bharaṇādbharitā sthitiḥ||24||

Maruto'ntarbahir vāpi
viyadyugmānivartanāt|
Bhairavyā bhairavasyetthaṁ
bhairavi vyajyate vapuḥ||25||

Na vrajenna viśecchakti-
rmarudrūpā vikāsite|
Nirvikalpatayā madhye
tayā bhairavarūpatā||26||

Kumbhitā recitā vāpi
pūritā vā yadā bhavet|
Tadante śāntanāmāsau
śaktyā śāntaḥ prakāśate||27||

Āmūlātkiraṇābhāsāṁ
sūkṣmātsūkṣmatarātmikam|
Cintayet tāṁ dviṣaṭkānte
śyāmyantīṁ bhairavodayaḥ||28||

Udgacchantīṁ taḍitrūpāṁ
praticakraṁ kramātkramam|
Ūrdhvaṁ muṣṭitrayaṁ yāva-
ttāvadante mahodayaḥ||29||

Kramadvādaśakaṁ samya-
gdvādaśākṣarabheditam|
Sthūlasūkṣmaparasthityā
muktvā muktvāntataḥ śivaḥ||30||

Tayāpūryāśu mūrdhāntaṁ
bhaṅktvā bhrūkṣepasetunā|
Nirvikalpaṁ manaḥ kṛtvā
sarvordhve sarvagodgamaḥ||31||

Śikhipakṣaiścitrarūpai-
rmaṇḍalaiḥ śūnyapañcakam|
Dhyāyato'nuttare śūnye
praveśo hṛdaye bhavet||32||

Īdṛśena krameṇaiva
yatra kutrāpi cintanā|
Śūnye kuḍye pare pātre
svayaṁ līnā varapradā||33||

Kapālāntarmano nyasya
tiṣṭhanmīlitalocanaḥ|
Krameṇa manaso dārḍhyā-
llakṣayellaśyamuttamam||34||

Madhyanāḍī madhyasaṁsthā
bisasūtrābharūpayā|
Dhyātāntarvyomayā devyā
tayā devaḥ prakāśate||35||

Kararuddhadṛgastreṇa
bhrūbhedāddvārarodhanāt|
Dṛṣṭe bindau kramāllīne
tanmadhye paramā sthitiḥ||36||

Dhāmāntaḥkṣobhasambhūta-
sūkṣmāgnitilakākṛtim|
Binduṁ śikhānte hṛdaye
layānte dhyāyato layaḥ||37||

Anāhate pātrakarṇe-
'bhagnaśabde sariddrute|
Śabdabrahmaṇi niṣṇātaḥ
paraṁ brahmādhigacchati||38||

Praṇavādisamuccārā-
tplutānte śūnyabhāvānāt|
Śūnyayā parayā śaktyā
śūnyatāmeti bhairavi||39||

Yasya kasyāpi varṇasya
pūrvāntāvanubhāvayet|
Śūnyayā śūnyabhūto'sau
śūnyākāraḥ pumān bhavet||40||

Tantryādivādyaśabdeṣu
dīrgheṣu kramasaṁsthiteḥ|
Ananyacetāḥ pratyante
paravyomavapurbhavet||41||

Piṇḍamantrasya sarvasya
sthūlavarṇakrameṇa tu|
Ardhendubindunādāntaḥ
śūnyoccārādbhavecchivaḥ||42||

Nijadehe sarvadikkaṁ
yugapadbhāvayedviyat|
Nirvikalpamanāstasya
viyatsarvaṁ pravartate||43||

Pṛṣṭhaśūnyaṁ mūlaśūnyaṁ
yugapadbhāvayecca yaḥ|
Śarīranirapekṣiṇyā
śaktyā śūnyamanā bhavet||44||

Pṛṣṭhaśūnyaṁ mūlaśūnyaṁ
hṛcchūnyaṁ bhāvayetsthiram|
Yugapannirvikalpatvā-
nnirvikalpodayastataḥ||45||

Tanūdeśe śūnyataiva
kṣaṇamātraṁ vibhāvayet|
Nirvikalpaṁ nirvikalpo
nirvikalpasvarūpabhāk||46||

Sarvaṁ dehagataṁ dravyaṁ
viyadvyāptaṁ mṛgekṣaṇe|
Vibhāvayettatastasya
bhāvanā sā sthirā bhavet||47||

Dehāntare tvagvibhāgaṁ
bhittibhūtaṁ vicintayet|
Na kiñcidantare tasya
dhyāyannadhyeyabhāgbhavet||48||

Hṛdyākāśe nilīnākṣaḥ
padmasampuṭamadhyagaḥ|
Ananyacetāḥ subhage
paraṁ saubhāgyamāpnuyāt||49||

Sarvataḥ svaśarīrasya
dvādaśānte manolayāt|
Dṛḍhabuddherdṛḍhībhūtaṁ
tattvalakṣyaṁ pravartate||50||

Yathā tathā yatra tatra
dvādaśānte manaḥ kṣipet||
Pratikṣaṇaṁ kṣīṇavṛtte-
rvailakṣaṇyaṁ dinairbhavet||51||

Kālāgninā kālapadā-
dutthitena svakaṁ puram|
Pluṣṭaṁ vicintayedante
śāntābhāsastadā bhavet||52||

Evameva jagatsarvaṁ
dagdhaṁ dhyātvā vikalpataḥ|
Ananyacetasaḥ puṁsaḥ
pumbhāvaḥ paramo bhavet||53||

Svadehe jagato vāpi
sūkṣmasūkṣmatarāṇi ca|
Tattvāni yāni nilayaṁ
dhyātvānte vyajyate parā||54||

Pināṁ ca durbalāṁ śaktiṁ
dhyātvā dvādaśagocare|
Praviśya hṛdaye dhyāya-
nmuktaḥ svātantryamāpnuyāt||55||

Bhuvanādhvādirūpeṇa
cintayetkramaśo'khilam|
Sthūlasūkṣmaparasthityā
yāvadante manolayaḥ||56||

Asya sarvasya viśvasya
paryanteṣu samantataḥ|
Adhvaprakriyayā tattvaṁ
śaivaṁ dhyātvā mahodayaḥ||57||

Viśvametanmahādevi
śūnyabhūtaṁ vicintayet|
Tatraiva ca mano līnaṁ
tatastallayabhājanam||58||

Ghaṭādibhājane dṛṣṭiṁ
bhittīstyaktvā vinikṣipet|
Tallayaṁ tatkṣaṇādgatvā
tallayāttanmayo bhavet||59||

Nirvṛkṣagiribhittyādi-
deśe dṛṣṭiṁ vinikṣipet|
Vilīne mānase bhāve
vṛttikṣiṇaḥ prajāyate||60||

Ubhayorbhāvayorjñāne
dhyātvā madhyaṁ samāśrayet|
Yugapacca dvayaṁ tyaktvā
madhye tattvaṁ prakāśate||61||

Bhāve tyakte niruddhā ci-
nnaiva bhāvāntaraṁ vrajet|
Tadā tanmadhyabhāvena
vikasatyati bhāvanā||62||

Sarvaṁ dehaṁ cinmayaṁ hi
jagadvā paribhāvayet|
Yugapannirvikalpena
manasā paramodayaḥ||63||

Vāyudvayasya saṅghaṭṭā-
dantarvā bahirantataḥ|
Yogī samatvavijñāna-
samudgamanabhājanam||64||

Sarvaṁ jagatsvadehaṁ vā
svānandabharitaṁ smaret|
Yugapatsvāmṛtenaiva
parānandamayo bhavet||65||

Kuhanena prayogeṇa
sadya eva mṛgekṣaṇe|
Samudeti mahānando
yena tattvaṁ prakāśate||66||

Sarvasrotonibandhena
prāṇaśaktyordhvayā śanaiḥ|
Pipīlasparśavelāyāṁ
prathate paramaṁ sukham||67||

Vahnerviṣasya madhye tu
cittaṁ sukhamayaṁ kṣipet|
Kevalaṁ vāyupūrṇaṁ vā
smarānandena yujyate||68||

Śaktisaṅgamasaṅkṣubdha-
śaktyāveśāvasānikam|
Yatsukhaṁ brahmatattvasya
tatsukhaṁ svākyamucyate||69||

Lehanāmanthanākoṭaiḥ
strīsukhasya bharātsmṛteḥ|
Śaktyabhāve'pi deveśi
bhavedānandasamplavaḥ||70||

Ānande mahati prāpte
dṛṣṭe vā bāndhave cirāt|
Ānandamudgataṁ dhyātvā
tallayastanmanā bhavet||71||

Jagdhipānakṛtollāsa-
rasānandavijṛmbhaṇāt|
Bhāvayedbharitāvasthāṁ
mahānandastato bhavet||72||

Gitādiviṣayāsvādā-
samasaukhyaikatātmanaḥ|
Yoginastanmayatvena
manorūḍhestadātmatā||73||

Yatra yatra manastuṣṭi-
rmanastatraiva dhārayet|
Tatra tatra parānanda-
svarūpaṁ sampravartate||74||

Anāgatāyāṁ nidrāyāṁ
praṇaṣṭe bāhyagocare|
Sāvasthā manasā gamyā
parā devī prakāśate||75||

Tejasā sūryadīpāde-
rākāśe śabalīkṛte|
Dṛṣṭirniveśyā tatraiva
svātmarūpaṁ prakāśate||76||

Karaṅkiṇyā krodhanayā
bhairavyā lelihānayā|
Khecaryā dṛṣṭikāle ca
parāvāptiḥ prakāśate||77||

Mṛdvāsane sphijaikena
hastapādau nirāśrayam|
Nidhāya tatprasaṅgena
parā pūrṇā matirbhavet||78||

Upaviśyāsane samya-
gbāhū kṛtvārdhakuñcitau|
Kakṣavyomni manaḥ kurvan
śamamāyāti tallayāt||79||

Sthūlarūpasya bhāvasya
stabdhāṁ dṛṣṭiṁ nipātya ca|
Acireṇa nirādhāraṁ
manaḥ kṛtvā śivaṁ vrajet||80||

Madhyajihve sphāritāsye
madhye nikṣipya cetanām|
Hoccāraṁ manasā kurvaṁ-
stataḥ śānte pralīyate||81||

Āsane śayane sthitvā
nirādhāraṁ vibhāvayan|
Svadehaṁ manasi kṣiṇe
kṣaṇātkṣīṇāśayo bhavet||82||

Calāsane sthitasyātha
śanairvā dehacālanāt|
Praśānte mānase bhāve
devi divyaughamāpnuyāt||83||

Ākāśaṁ vimalaṁ paśyan
kṛtvā dṛṣṭiṁ nirantarām|
Stabdhātmā tatkṣaṇāddevi
bhairavaṁ vapurāpnuyāt||84||

Līnaṁ mūrdhni viyatsarvaṁ
bhairavatvena bhāvayet|
Tatsarvaṁ bhairavākāra-
tejastattvaṁ samāviśet||85||

Kiñcijjñātaṁ dvaitadāyi
bāhyālokastamaḥ punaḥ|
Viśvādi bhairavaṁ rūpaṁ
jñātvānantaprakāśabhṛt||86||

Evameva durniśāyāṁ
kṛṣṇapakṣāgame ciram|
Taimiraṁ bhāvayan rūpaṁ
bhairavaṁ rūpameṣyati||87||

Evameva nimīlyādau
netre kṛṣṇābhamagrataḥ|
Prasārya bhairavaṁ rūpaṁ
bhāvayaṁstanmayo bhavet||88||

Yasya kasyendriyasyāpi
vyāghātācca nirodhataḥ|
Praviṣṭasyādvaye śūnye
tatraivātmā prakāśate||89||

Abindumavisargaṁ cā-
kāraṁ japato mahān|
Udeti devi sahasā
jñānaughaḥ parameśvaraḥ||90||

Varṇasya savisargasya
visargāntaṁ citiṁ kuru|
Nirādhāreṇa cittena
spṛśedbrahma sanātanam||91||

Vyomākāraṁ svamātmānaṁ
dhyāyeddigbhiranāvṛtam|
Nirāśrayā citiḥ śaktiḥ
svarūpaṁ darśayettadā||92||

Kiñcidaṅgaṁ vibhidyādau
tīkṣṇasūcyādinā tataḥ|
Tatraiva cetanāṁ yuktvā
bhairave nirmalā gatiḥ||93||

Cittādyantaḥkṛtirnāsti
mamāntarbhāvayediti|
Vikalpānāmabhāvena
vikalpairujjhito bhavet||94||

Māyā vimohinī nāma
kalāyāḥ kalanaṁ sthitam|
Ityādidharmaṁ tattvānāṁ
kalayanna pṛthagbhavet||95||

Jhagitīcchāṁ samutpannā-
mavalokya śamaṁ nayet|
Yata eva samudbhūtā
tatastatraiva līyate||96||

Yadā mamecchā notpannā
jñānaṁ vā kastadāsmi vai|
Tattvato'haṁ tathābhūta-
stallīnastanmanā bhavet||97||

Icchāyāmathavā jñāne
jāte cittaṁ niveśayet|
Ātmabuddhyānanyacetā-
statastattvārthadarśanam||98||

Nirnimittaṁ bhavejjñānaṁ
nirādhāraṁ bhramātmakam|
Tattvataḥ kasyacinnaita-
devambhāvī śivaḥ priye||99||

Ciddharmā sarvadeheṣu
viśeṣo nāsti kutracit|
Ataśca tanmayaṁ sarvaṁ
bhāvayanbhavajijjanaḥ||100||

Kāmakrodhalobhamoha-
madamātsaryagocare|
Buddhiṁ nistimitāṁ kṛtvā
tattattvamavaśiṣyate||101||

Indrajālamayaṁ viśvaṁ
vyastaṁ vā citrakarmavat|
Bhramadvā dhyāyataḥ sarvaṁ
paśyataśca sukhodgamaḥ||102||

Na cittaṁ nikṣipedduḥkhe
na sukhe vā parikṣipet|
Bhairavi jñāyatāṁ madhye
kiṁ tattvamavaśiṣyate||103||

Vihāya nijadehāsthaṁ
sarvatrāsmīti bhāvayan|
Dṛḍhena manasā dṛṣṭyā
nānyekṣiṇyā sukhī bhavet||104||

Ghaṭādau yacca vijñāna-
micchādyaṁ vā mamāntare|
Naiva sarvagataṁ jātaṁ
bhāvayanniti sarvagaḥ||105||

Grāhyagrāhakasaṁvittiḥ
sāmānyā sarvadehinām|
Yogināṁ tu viśeṣo'sti
sambandhe sāvadhānatā||106||

Svavadanyaśarīre'pi
saṁvittimanubhāvayet|
Apekṣāṁ svaśarīrasya
tyaktvā vyāpī dinairbhavet||107||

Nirādhāraṁ manaḥ kṛtvā
vikalpānna vikalpayet|
Tadātmaparamātmatve
bhairavo mṛgalocane||108||

Sarvajñaḥ sarvakartā ca
vyāpakaḥ parameśvaraḥ|
Sa evāhaṁ śaivadharmā
iti dārḍhyādbhavecchivaḥ||109||

Jalasyevormayo vahne-
rjvālābhaṅgyaḥ prabhā raveḥ|
Mamaiva bhairavasyaitā
viśvabhaṅgyo vibheditāḥ||110||

Bhrāntvā bhrāntvā śarīreṇa
tvaritaṁ bhuvi pātanāt|
Kṣobhaśaktivirāmeṇa
parā sañjāyate daśā||111||

Ādhāreṣvathavā'śaktyā-
'jñānāccittalayena vā|
Jātaśaktisamāveśa-
kṣobhānte bhairavaṁ vapuḥ||112||

Sampradāyamimaṁ devi
śṛṇu samyagvadāmyaham|
Kaivalyaṁ jāyate sadyo
netrayoḥ stabdhamātrayoḥ||113||

Saṅkocaṁ karṇayoḥ kṛtvā
hyadhodvāre tathaiva ca|
Anackamahalaṁ dhyāya-
nviśedbrahma sanātanam||114||

Kūpādike mahāgarte
sthitvopari nirīkṣaṇāt|
Avikalpamateḥ samya-
ksadyaścittalayaḥ sphuṭam||115||

Yatra yatra mano yāti
bāhye vābhyantare'pi vā|
Tatra tatra śivāvasthā
vyāpakatvātkva yāsyati||116||

Yatra yatrākṣamārgeṇa
caitanyaṃ vyajyate vibhoḥ|
Tasya tanmātradharmitvā-
ccillayādbharitātmatā||117||

Kṣutādyante bhaye śoke
gahvare vā raṇāddrute|
Kutūhale kṣudhādyante
brahmasattāmayī daśā||118||

Vastuṣu smaryamāṇeṣu
dṛṣṭe deśe manastyajet|
Svaśarīraṃ nirādhāraṃ
kṛtvā prasarati prabhuḥ||119||

Kvacidvastuni vinyasya
śanairdṛṣṭiṃ nivartayet|
Tajjñānaṃ cittasahitaṃ
devi śūnyālayo bhavet||120||

Bhaktyudrekādviraktasya
yādṛśī jāyate matiḥ|
Sā śaktiḥ śāṅkarī nityaṃ
bhāvayettāṃ tataḥ śivaḥ||121||

Vastvantare vedyamāne
śanairvastuṣu śūnyatā|
Tāmeva manasā dhyātvā
vidito'pi praśāmyati||122||

Kiñcijjñairyā smṛtā śuddhiḥ
sāśuddhiḥ śambhudarśane|
Na śucirhyaśucistasmā-
nnirvikalpaḥ sukhī bhavet||123||

Sarvatra bhairavo bhāvaḥ
sāmānyeṣvapi gocaraḥ|
Na ca tadvyatirekeṇa
paro'stītyadvayā gatiḥ||124||

Samaḥ śatrau ca mitre ca
samo mānāvamānayoḥ||
Brahmaṇaḥ paripūrṇatvā-
diti jñātvā sukhī bhavet||125||

Na dveṣaṁ bhāvayetkvāpi
na rāgaṁ bhāvayetkvacit|
Rāgadveṣavinirmuktau
madhye brahma prasarpati||126||

Yadavedyaṁ yadagrāhyaṁ
yacchūnyaṁ yadabhāvagam|
Tatsarvaṁ bhairavaṁ bhāvyaṁ
tadante bodhasambhavaḥ||127||

Nitye nirāśraye śūnye
vyāpake kalanojjhite|
Bāhyākāśe manaḥ kṛtvā
nirākāśaṁ samāviśet||128||

Yatra yatra mano yāti
tattattenaiva tatkṣaṇam|
Parityajyānavasthityā
nistaraṅgastato bhavet||129||

Bhayā sarvaṁ ravayati
sarvado vyāpako'khile|
Iti bhairavaśabdasya
santatoccāraṇācchivaḥ||130||

Ahaṁ mamedamityādi-
pratipattiprasaṅgataḥ|
Nirādhāre mano yāti
taddhyānapreraṇācchamī||131||

Nityo vibhurnirādhāro
vyāpakaścākhilādhipaḥ|
Śabdān pratikṣaṇaṁ dhyāyan
kṛtārtho'rthānurūpataḥ||132||

Atattvamindrajālābha-
midaṁ sarvamavasthitam|
Kiṁ tattvamindrajālasya
iti dārḍhyācchamaṁ vrajet||133||

Ātmano nirvikārasya
kva jñānaṁ kva ca vā kriyā|
Jñānāyattā bahirbhāvā
ataḥ śūnyamidaṁ jagat||134||

Na me bandho na mokṣo me
bhītasyaitā vibhīṣikāḥ|
Pratibimbamidam buddhe-
rjaleṣviva vivasvataḥ||135||

Indriyadvārakaṁ sarvaṁ
sukhaduḥkhādisaṅgamam|
Itīndriyāṇi santyajya
svasthaḥ svātmani vartate||136||

Jñānaprakāśakaṁ sarvaṁ
sarveṇātmā prakāśakaḥ|
Ekamekasvabhāvatvā-
jjñānaṁ jñeyaṁ vibhāvyate||137||

Mānasaṁ cetanā śakti-
rātmā ceti catuṣṭayam|
Yadā priye parikṣīṇaṁ
tadā tadbhairavaṁ vapuḥ||138||

Nistaraṅgopadeśānāṁ
śatamuktaṁ samāsataḥ|
Dvādaśābhyadhikaṁ devi
yajjñātvā jñānavijjanaḥ||139||

Atra caikatame yukto
jāyate bhairavaḥ svayam|
Vācā karoti karmāṇi
śāpānugrahakārakaḥ||140||

Ajarāmaratāmeti
so'ṇimādiguṇānvitaḥ|
Yoginīnāṁ priyo devi
sarvamelāpakādhipaḥ||141||

Jīvannapi vimukto'sau
kurvannapi ca ceṣṭitam|

Śrīdevyuvāca|

Idaṁ yadi vapurdeva
parāyāśca maheśvara||142||

Evamuktavyavasthāyāṁ
japyate ko japaśca kaḥ|
Dhyāyate ko mahānātha
pūjyate kaśca tṛpyati||143||

Hūyate kasya vā homo
yāgaḥ kasya ca kiṁ katham|

Śrībhairava uvāca|

Eṣātra prakriyā bāhyā
sthūleṣveva mṛgekṣaṇe||144||

Bhūyo bhūyaḥ pare bhāve
bhāvanā bhāvyate hi yā|
Japaḥ so'tra svayaṁ nādo
mantrātmā japya īdṛśaḥ||145||

Dhyānaṁ hi niścalā buddhi-
rnirākārā nirāśrayā|
Na tu dhyānaṁ śarīrākṣi-
mukhahastādikalpanā||146||

Pūjā nāma na puṣpādyai-
ryā matiḥ kriyate dṛḍhā|
Nirvikalpe pare vyomni
sā pūjā hyādarāllayaḥ||147||

Atraikatamayuktisthe
yotpadyeta dināddinam|
Bharitākāratā sātra
tṛptiratyantapūrṇatā||148||

Mahāśūnyālaye vahnau
bhūtākṣaviṣayādikam|
Hūyate manasā sārdhaṁ
sa homaścetanāsrucā||149||

Yāgo'tra parameśāni
tuṣṭirānandalakṣaṇā|
Kṣapaṇātsarvapāpānāṁ
trāṇātsarvasya pārvati||150||

Rudraśaktisamāveśa-
statkṣetraṁ bhāvanā parā|
Anyathā tasya tattvasya
kā pūjā kāśca tṛpyati||151||

Svatantrānandacinmātra-
sāraḥ svātmā hi sarvataḥ|
Āveśanaṁ tatsvarūpe
svātmanaḥ snānamīritam||152||

Yaireva pūjyate dravyai-
starpyate vā parāparaḥ|
Yaścaiva pūjakaḥ sarvaḥ
sa evaikaḥ kva pūjanam||153||

Vrajetprāṇo viśejjīva
icchayā kuṭilākṛtiḥ|
Dīrghātmā sā mahādevī
parakṣetraṁ parāparā||154||

Asyāmanucaraṁstiṣṭha-
nmahānandamaye'dhvare|
Tayā devyā samāviṣṭaḥ
paraṁ bhairavamāpnuyāt||155||

Ṣaṭśatāni divā rātrau
sahasrāṇyekaviṁśatiḥ|
Japo devyāḥ samuddiṣṭaḥ
prāṇasyānte sudurlabhaḥ||156||

Ityetatkathitaṁ devi
paramāmṛtamuttamam|
Etacca naiva kasyāpi
prakāśyaṁ tu kadācana||157||

Paraśiṣye khale krūre
'bhakte gurupādayoḥ|
Nirvikalpamatīnāṁ tu
vīrāṇāmunnatātmanām||158||

Bhaktānāṁ guruvargasya
dātavyaṁ nirviśaṅkayā|
Grāmo rājyaṁ puraṁ deśaḥ
putradārakuṭumbakam||159||

Sarvametatparityajya
grāhyametanmṛgekṣaṇe|
Kimebhirasthirairdevi
sthiraṁ paramidaṁ dhanam||160||

Prāṇā api pradātavyā
na deyaṁ paramāmṛtam|

Śrīdevyuvāca|

Devadeva māhadeva
paritṛptāsmi śaṅkara||161||

Rudrayāmalatantrasya
sāramadyāvadhāritam|
Sarvaśaktiprabhedānāṁ
hṛdayaṁ jñātamadya ca||162||

Ityuktvānanditā devī
kaṇṭhe lagnā śivasya tu||163||

मालिनीविजयोत्तरतन्त्र

Mālinīvijayottaratantra

Chapter I.

Atha
Mālinīvijayottare tantre
Prathamo'dhikāraḥ|

Jayanti jagadānanda-
vipakṣakṣapaṇakṣamāḥ|
Parameśamukhodbhūta-
jñānacandramarīcayaḥ||1||

Jagadarṇavamagnānāṁ
tārakaṁ tārakāntakam|
Sanatkumārasanaka-
sanātanasanandanāḥ||2||

Nāradāgastyasaṁvarta-
vasiṣṭhādyā maharṣayaḥ|
Jijñāsavaḥ paraṁ tattvaṁ
śivaśaktyunmukhīkṛtāḥ||3||

Samabhyarcya vidhānena
te tamūcuḥ praharṣitāḥ|
Bhagavanyogasaṁsiddhi-
kāṅkṣiṇo vayamāgatāḥ||4||

Sā ca yogaṃ vinā yasmā-
nna bhavettamato vada|
Ṛṣibhiryogamicchadbhiḥ
sa tairevamudāhṛtaḥ||5||

Pratyuvāca prahṛṣṭātmā
namaskṛtya maheśvaram|
Śṛṇudhvaṃ sampravakṣyāmi
sarvasiddhiphalapradam||6||

Mālinīvijayaṃ tantraṃ
parameśamukhodgatam|
Bhuktimuktipradātāra-
mumeśamamarārcitam||7||

Svasthānasthamumā devī
praṇipatyedamabravīt|
Siddhayogīśvarītantraṃ
navakoṭipravistaram||8||

Yattvayā kathitaṃ pūrvaṃ
bhedatrayavisarpitam|
Mālinīvijaye tantre
koṭitritayalakṣite||9||

Yogamārgastvayā proktaḥ
suvistīrṇo maheśvara|
Bhūyastasyopasaṃhāraḥ
prokto dvādaśabhistathā||10||

Sahasraiḥ so'pi vistīrṇo
gṛhyate nālpabuddhibhiḥ|
Atastamupasaṃhṛtya
samāsādalpadhīhitam||11||

Sarvasiddhikaraṃ brūhi
prasādātparameśvara|
Evamuktastadā devyā
prahasyovāca viśvarāṭ||12||

Śṛṇu devi pravakṣyāmi
siddhayogīśvarīmatam|
Yanna kasyacidākhyātaṃ
mālinīvijayottaram||13||

Mayāpyetatpurā prāpta-
maghorātparamātmanaḥ|
Upādeyaṃ ca heyaṃ ca
vijñeyaṃ paramārthataḥ||14||

Śivaḥ śaktiḥ savidyeśā
mantrā mantreśvarāṇavaḥ|
Upādeyamiti prokta-
metatṣaṭkaṃ phalārthinām||15||

Malaḥ karma ca māyā ca
māyīyamakhilaṃ jagat|
Sarvaṃ heyamiti proktaṃ
vijñeyaṃ vastu niścitam||16||

Etajjñātvā parityajya
sarvasiddhiphalaṁ labhet|
Tatreśaḥ sarvakṛcchāntaḥ
sarvajñaḥ sarvakṛtprabhuḥ||17||

Sakalo niṣkalo'nantaḥ
śaktirapyasya tadvidhā|
Sa sisṛkṣurjagatsṛṣṭe-
rādāveva nijecchayā||18||

Vijñānakevalānaṣṭau
bodhayāmāsa pudgalān|
Aghoraḥ paramo ghoro
ghorarūpastadānanaḥ||19||

Bhīmaśca bhīṣaṇaścaiva
vamanaḥ pivanastathā|
Etānaṣṭau sthitidhvaṁsa-
rakṣānugrahakāriṇaḥ||20||

Mantramantreśvareśatve
sanniyojya tataḥ punaḥ|
Mantrāṇāmasṛjattadva-
tsapta koṭīḥ samaṇḍalāḥ||21||

Sarve'pyete mahātmāno
mantrāḥ sarvaphalapradāḥ|
Ātmā caturvidho jñeya-
statra vijñānakevalaḥ||22||

Malaikayuktastatkarma-
yuktaḥ pralayakevalaḥ|
Malamajñānamicchanti
saṁsārāṅkurakāraṇam||23||

Dharmādharmātmakaṁ karma
sukhaduḥkhādilakṣaṇam|
Īśvarecchāvaśādasya
bhogecchā samprajāyate||24||

Bhogasādhanasaṁsiddhyai
bhogecchorasya mantrarāṭ|
Jagadutpādayāmāsa
māyāmāviśya śaktibhiḥ||25||

Sā caikā vyāpinīrūpā
niṣkalā jagato nidhiḥ|
Anādyantāśiveśānī
vyayahīnā ca kathyate||26||

Asūta sā kalātattvaṁ
yadyogādabhavatpumān|
Jātakartṛtvasāmarthyo
vidyārāgau tato'sṛjat||27||

Vidyā vivecayatyasya
karma tatkāryakāraṇe|
Rāgo'pi rañjayatyenaṁ
svabhogeṣvaśuciṣvapi||28||

Niyatiryojayatyenaṁ
svake karmaṇi pudgalam|
Kālo'pi kalayatyenaṁ
tuṭyādibhiravasthitaḥ||29||

Tata eva kalātattvā-
davyaktamasrjattataḥ|
Guṇānaṣṭaguṇāṁ tebhyo
dhiyaṁ dhīto'pyahaṅkṛtam||30||

Tattridhā taijasāttasmā-
tmano'kṣeśamajāyata|
Vaikārikāttato'kṣāṇi
tanmātrāṇi tṛtīyakāt||31||

Śrotraṁ tvakcakṣuṣī jihvā
ghrāṇaṁ buddhīndriyāṇi tu|
Karmendriyāṇi vākpāṇi-
pāyūpasthāṅghrayaḥ kramāt||32||

Kalādikṣitiparyanta-
metatsaṁsāramaṇḍalam|
Samudrādi jagatkṛtsnaṁ
parivartayatīcchayā||33||

Bhedaḥ paraḥ kalādīnāṁ
bhuvanatvena yaḥ sthitaḥ|
Asrjattamasāveva
bhoginām bhogasiddhaye||34||

Ityanena kalādyena
dharāntena samāsthitāḥ|
Pumāṁsaḥ sakalā jñeyā-
stadavasthājighāṁsubhiḥ||35||

Avasthātritaye'pyasmiṁ-
stirobhāvanaśīlayā|
Śivaśaktyobhayākrāntāḥ
prakurvanti viceṣṭitam||36||

Evaṁ jagati savatra
rudrāṇāṁ yogyatāvaśāt|
Aṅguṣṭhamātrapūrvāṇāṁ
śatamaṣṭādaśottaram||37||

Anugṛhya śivaḥ sākṣā-
nmantreśatve niyuktavān|
Te svagocaramāsādya
bhuktimuktiphalārthinām||38||

Brahmādīnāṁ prayacchanti
svabalena samaṁ phalam|
Ṛṣibhyaste'pi te cānu
manvantebhyo mahādhipāḥ||39||

Heyopādeyavijñānaṁ
kathayanti śivoditam|
Brahmādistambaparyante
jātamātre jagatyalam||40||

Mantrāṇāṁ koṭyastisraḥ
sārdhāḥ śivaniyojitāḥ|
Anugṛhyāṇusaṅghātaṁ
yātāḥ padamanāmayam||41||

Evamasyātmanaḥ kāle
kasmiṁścidyogyatāvaśāt|
Śaivī sambadhyate śaktiḥ
śāntā muktiphalapradā||42||

Tatsambandhāttataḥ kaści-
ttatkṣaṇādapavṛjyate|
Ajñānena sahaikatvaṁ
kasyacidvinivartate||43||

Rudraśaktisamāviṣṭaḥ
sa yiyāsuḥ śivecchayā|
Bhuktimuktiprasiddhyarthaṁ
nīyate sadguruṁ prati||44||

Tamārādhya tatastuṣṭā-
ddīkṣāmāsādya śāṅkarīm|
Tatkṣaṇādvopabhogādvā
dehapātācchivaṁ vrajet||45||

Yogadīkṣāṁ samāsādya
jñātvā yogaṁ samabhyaset|
Yogasiddhimavāpnoti
tadante śāśvataṁ padam||46||

Anena kramayogena
samprāptaḥ paramaṁ padam|
Na bhūyaḥ paśutāmeti
śuddhe svātmani tiṣṭhati||47||

Ātmā caturvidho hyeṣa
punareṣa caturvidhaḥ|
Ācāryatvādibhedena
śuddhātmā paripaṭhyate||48||

Nityāditritayaṁ kuryā-
dguruḥ sādhaka eva ca|
Nityameva dvayaṁ cānya-
dyāvajjīvaṁ śivājñayā||49||

Upādeyaṁ ca heyaṁ ca
tadetat parikīrtitam|
Jñātvaitajjñeyasarvasvaṁ
sarvasiddhyaraho bhavet||50||

Iti śrīmālinīvijayottare prathamo'dhikāraḥ||1||

Chapter II.

Atha
Dvitīyo'dhikāraḥ|

Athaiṣāmeva tattvānāṁ
dharādīnāmanukramāt|
Prapañcaḥ kathyate leśā-
dyogināṁ yogasiddhaye||1||

Śaktimacchaktibhedena
dharātattvaṁ vibhidyate|
Svarūpasahitaṁ tacca
vijñeyaṁ daśapañcadhā||2||

Śivādisakalātmāntāḥ
śaktimantaḥ prakīrtitāḥ|
Tacchaktayaśca vijñeyā-
stadvadeva vicakṣaṇaiḥ||3||

Evaṁ jalādimūlāntaṁ
tattvavrātamidaṁ mahat|
Pṛthagbhedairimairbhinnaṁ
vijñeyaṁ tatphalepsubhiḥ||4||

Anenaiva vidhānena
puṁstattvāttu kalāntikam|
Trayodaśavidhaṁ jñeyaṁ
rudravatpralayākalāḥ||5||

Tadvanmāyāpi vijñeyā
navadhā jñānakevalāḥ|
Mantrāḥ saptavidhāstadva-
tpañcadhā mantranāyakāḥ||6||

Tridhā mantreśvareśānāḥ
śivaḥ sākṣānna bhidyate|
Bhedaḥ prakathito leśā-
dananto vistarādayam||7||

Evaṁ bhuvanamālāpi
bhinnā bhedairimaiḥ sphuṭam|
Vijñeyā yogasiddhyarthaṁ
yogibhiryogapūjitā||8||

Eteṣāmeva tattvānāṁ
bhuvanānāṁ ca śāṅkari|
Ya ekamagni jānāti
so'pi yogaphalaṁ labhet||9||

Yaḥ punaḥ sarvatattvāni
vettyetāni yathārthataḥ|
Sa gururmatsamaḥ prokto
mantravīryaprakāśakaḥ||10||

Spṛṣṭāḥ sambhāṣitāstena
dṛṣṭāśca prītacetasā|
Narāḥ pāpaiḥ pramucyante
saptajanmakṛtairapi||11||

Ye punardīkṣitāstena
prāṇinaḥ śivacoditāḥ|
Te yatheṣṭaṁ phalaṁ prāpya
padaṁ gacchantyanāmayam||12||

Rudraśaktisamāveśa-
statra nityaṁ pratiṣṭhitaḥ|
Sati tasmiṁśca cihnāni
tasyaitāni vilakṣayet||13||

Tatraitatprathamaṁ cihnaṁ
rudre bhaktiḥ suniścalā|
Dvitīyaṁ mantrasiddhiḥ syā-
tsadyaḥ pratyayakārikā||14||

Sarvasattvavaśitvaṁ ca
tṛtīyaṁ lakṣaṇaṁ smṛtam|
Prārabdhakāryaniṣpatti-
ścihnamāhuścaturthakam||15||

Kavitvaṁ pañcamaṁ jñeyaṁ
sālaṅkāraṁ manoharam|
Sarvaśāstrārthavettṛtva-
makasmāccāsya jāyate||16||

Rudraśaktisamāveśaḥ
pañcadhā paripaṭhyate|
Bhūtatattvātmamantreśa-
śaktibhedādvarānane||17||

Pañcadhā bhūtasañjñastu
tathā triṁśatidhā paraḥ|
Ātmākhyastrividhaḥ prokto
daśadhā mantrasañjñakaḥ||18||

Dvividhaḥ śaktisañjño'pi
jñātavyaḥ paramārthataḥ|
Pañcāśadbhedabhinno'yaṁ
samāveśaḥ prakīrtitaḥ||19||

Āṇavo'yaṁ samākhyātaḥ
śākto'pyevaṁvidhaḥ smṛtaḥ|
Evaṁ śāmbhavamapyebhi-
rbhedairbhinnaṁ vilakṣayet||20||

Uccārakaraṇadhyāna-
varṇasthānaprakalpanaiḥ|
Yo bhavetsa samāveśaḥ
samyagāṇava ucyate||21||

Uccārarahitaṁ vastu
cetasaiva vicintayan|
Yaṁ samāveśamāpnoti
śāktaḥ so'trābhidhīyate||22||

Akiñciccintakasyaiva
guruṇā pratibodhataḥ|
Jāyate yaḥ samāveśaḥ
śāmbhavo'sāvudāhṛtaḥ||23||

Sārdhametacchataṁ proktaṁ
bhedānāmanupūrvaśaḥ|
Saṅkṣepādvistarādasya
parisaṅkhyā na vidyatc||24||

Saṁvittiphalabhedo'tra
na prakalpyo manīṣibhiḥ|
Bhedo'paro'pi saṅkṣepā-
tkathyamāno'vadhāryatām||25||

Jāgratsvapnādibhedena
sarvāveśakramo budhaiḥ|
Pañcabhistu parijñeyaḥ
svavyāpārātpṛthak pṛthak||26||

Tatra svarūpaṁ śaktiśca
sakalaśceti tattrayam|
Iti jāgradavastheyaṁ
bhede pañcadaśātmake||27||

Akalau dvau parijñeyau
samyak svapnasuṣuptayoḥ|
Mantrāditatpatīśāna-
vargasturya iti smṛtaḥ||28||

Śaktiśambhū parijñeyau
turyātīte varānane|
Trayodaśātmake bhede
svarūpamakalāvubhau||29||

Mantramantreśvareśānāḥ
śaktiśambhū ca kīrtitau|
Pralayākalabhede'pi
svaṁ vijñānākalāvubhau||30||

Mantramantreśvareśānāḥ
śaktīśāvapi pūrvavat|
Navadhā kīrtite bhede
svaṁ mantrāḥ mantranāyakāḥ||31||

Tadīśāḥ śaktiśambhū ca
pañcāvasthāḥ prakīrtitāḥ|
Pūrvavatsaptabhede'pi
svaṁ mantreśeśaśaktayaḥ||32||

Śivaśceti parijñeyāḥ
pañcaiva varavarṇini|
Svaṁ śaktiḥ svanijeśānā
śaktiśambhū ca pañcake||33||

Trike svaṁ śaktiśaktīcchā-
śivabhedaṁ vilakṣayet|
Savyāpārādhipatvena
taddhīnaprerakatvataḥ||34||

Icchānivṛtteḥ svasthatvā-
dabhinnamapi pañcadhā|
Iti pañcātmake bhede
vijñeyaṁ vastu kīrtitam||35||

Bhūyo'pyāsāmavasthānāṁ
sañjñābhedaḥ prakāśyate|
Piṇḍasthaḥ sarvatobhadro
jāgrannāma dvayaṁ matam||36||

Dvisañjñaṁ svapnamicchanti
padasthaṁ vyāptirityapi|
Rūpasthaṁ tu mahāvyāptiḥ
suṣuptasyāpi taddvayam||37||

Pracayaṁ rūpātītaṁ ca
samyak turyamudāhṛtam|
Mahāpracayamicchanti
turyātītaṁ vicakṣaṇāḥ||38||

Pṛthaktattvaprabhedena
bhedo'yaṁ samudāhṛtaḥ|
Sarvāṇyeva hi tattvāni
pañcaitāni yathā śṛṇu||39||

Bhūtatattvābhidhānānāṁ
yogo'dhiṣṭheya iṣyate|
Piṇḍasthamiti taṁ prāhuḥ
padasthamaparaṁ viduḥ||40||

Mantrāstatpatayaḥ seṣā
rūpasthamiti kīrtyate|
Rūpātītaṁ parā śaktiḥ
savyāpārāpyanāmayā||41||

Niṣprapañco nirābhāsaḥ
śuddhaḥ svātmanyavasthitaḥ|
Sarvātītaḥ śivo jñeyo
yaṁ viditvā vimucyate||42||

Caturvidhaṁ tu piṇḍastha-
mabuddhaṁ buddhameva ca|
Prabuddhaṁ suprabuddhaṁ ca
padasthaṁ ca caturvidham||43||

Gatāgataṁ suvikṣiptaṁ
saṅgataṁ susamāhitam|
Caturdhā rūpasañjñaṁ tu
jñātavyaṁ yogacintakaiḥ||44||

Uditaṁ vipulaṁ śāntaṁ
suprasannamathāparam|
Manonmanamanantaṁ ca
sarvārthaṁ satatoditam||45||

Pracaye tatra sañjñeya-
mekaṁ tanmahati sthitam|
Ityevaṁ pañcadhādhvānaṁ
tridhedānīṁ nigadyate||46||

Vijñānākalaparyanta-
mātmatattvamudāhṛtam|
Īśvarāntaṁ ca vidyāhvaṁ
śeṣaṁ śivapadaṁ viduḥ||47||

Evaṁ bhedairimairbhinna-
statrādhvā parikīrtitaḥ|
Yugapatsarvamārgāṇāṁ
prabhedaḥ procyate'dhunā||48||

Pārthivaṁ prākṛtaṁ caiva
māyīyaṁ śāktameva ca|
Iti saṅkṣepataḥ prokta-
metadaṇḍacatuṣṭayam||49||

Pṛthagdvayamasaṅkhyāta-
mekamekaṁ pṛthak pṛthak|
Ādyaṁ dhārikayā vyāptaṁ
tatraikaṁ tattvamiṣyate||50||

Ekamekaṁ pṛthak kṣārṇaṁ
padārṇamanuṣu smaret|
Kālāgnibhuvanādyāva-
dvīrabhadrapurottamam||51||

Puraṣoḍaśakaṁ jñeyaṁ
ṣaḍvidho'dhvā prakīrtitaḥ|
Āpyāyinyā dvitīyaṁ ca
tatra tattvāni lakṣayet||52||

Trayoviṁśatyavādīni
tadvaṭṭādyakṣarāṇi ca|
Padāni pañca mantrāśca
ṣaṭpañcāśatpurāṇi ca||53||

Tattvāni sapta bodhinyā
taccaturdhā purāṇi ca|
Tṛtīye sapta varṇāḥ syuḥ
padamantradvayaṁ dvayam||54||

Utpūyinyā caturthaṁ tu
tatra tattvatrayaṁ viduḥ|
Varṇatrayaṁ mantramekaṁ
padamekaṁ ca lakṣayet||55||

Aṣṭādaśa vijānīyā-
dbhuvanāni samāsataḥ|
Śivatattvaṁ paraṁ śāntaṁ
kalā tatrāvakāśadā||56||

Svaraṣoḍaśakaṁ mantraṁ
padaṁ caikaṁ vilakṣayet|
Ityevaṁ ṣaḍvidho'pyadhvā
samāsātparikīrtitaḥ||57||

Śuddhāśuddhaṁ jagatsarvaṁ
brahmāṇḍaprabhavaṁ yataḥ|
Tasmācchuddhamimaiḥ śuddhai-
rbrahmāṇḍaiḥ sarvamiṣyate||58||

Brahmā viṣṇuśca rudraśca
īśvaraśceti suvrate|
Pṛthageteṣu boddhavyaṁ
śāntaṁ paticatuṣṭayam||59||

Yo hi yasmādguṇotkṛṣṭaḥ
sa tasmādūrdhva ucyate|
Etatte kathitaṁ sarvaṁ
kimanyatpariprcchasi||60||

Iti śrīmālinīvijayottare tantre vyāptyadhikāro dvitīyaḥ||2||

Chapter III.

Atha
Tṛtīyo'dhikāraḥ|

Evamuktā mahādevī
jagadānandakāriṇā|
Praṇipatya punarvākya-
midamāha jagatpatim||1||

Evametanmahādeva
nānyathā samudāhṛtam|
Yathākhyātaṁ tathā jñāta-
māditaḥ samanukramāt||2||

Śivādivasturūpāṇāṁ
vācakānparameśvara|
Sāmprataṁ śrotumicchāmi
prasādādvaktumarhasi||3||

Ityuktaḥ sa maheśānyā
jagadārtiharo haraḥ|
Vācakānavadanmantrā-
npāramparyakramāgatān||4||

Yā sā śaktirjagaddhātuḥ
kathitā samavāyinī|
Icchātvaṁ tasya sā devi
sisṛkṣoḥ pratipadyate||5||

Saikāpi satyanekatvaṁ
yathā gacchati tacchṛṇu|
Evametaditi jñeyaṁ
nānyatheti suniścitam||6||

Jñāpayantī jagatyatra
jñānaśaktirnigadyate|
Evambhūtamidaṁ vastu
bhavatviti yadā punaḥ||7||

Jātā tadaiva tattadva-
tkurvatyatra kriyocyate|
Evaṁ saiṣā dvirūpāpi
punarbhedairanekatām||8||

Arthopādhivaśādyāti
cintāmaṇiriveśvarī|
Tatra tāvatsamāpannā
mātṛbhāvaṁ vibhidyate||9||

Dvidhā ca navadhā caiva
pañcāśaddhā ca mālinī|
Bījayonyātmakādbhedā-
ddvidhā bījaṁ svarā matāḥ||10||

Kādibhiśca smṛtā yoni-
rnavadhā vargabhedataḥ|
Prativarṇavibhedena
śatārdhakiraṇojjvalā||11||

Bījamatra śivaḥ śakti-
ryonirityabhidhīyate|
Vācakatvena sarvāpi
śambhoḥ śaktiśca śasyate||12||

Vargāṣṭakamiha jñeya-
maghorādyamanukramāt|
Tadeva śaktibhedena
māheśvaryādi cāṣṭakam||13||

Māheśī brāhmaṇī caiva
kaumārī vaiṣṇavī tathā|
Aindrī yāmyā ca cāmuṇḍā
yogīśī ceti tā matāḥ||14||

Śatārdhabhedabhinnānāṁ
tatsaṅkhyānāṁ varānane|
Rudrāṇāṁ vācakatvena
kalpitāḥ parameṣṭhinā||15||

Tadvadeva ca śaktīnāṁ
tatsaṅkhyānamanukramāt|
Sarvaṁ ca kathayiṣyāmi
tāsāṁ bhedaṁ yathā śṛṇu||16||

Amṛto’mṛtapūrṇaśca
amṛtābho’mṛtadravaḥ|
Amṛtaugho’mṛtormiśca
amṛtasyandano’paraḥ||17||

Amṛtāṅgo'mṛtavapu-
ramṛtodgāra eva ca|
Amṛtāsyo'mṛtatanu-
stathā cāmṛtasecanaḥ||18||

Tanmūrtiramṛteśaśca
sarvāmṛtadharo'paraḥ|
Ṣoḍaśaite samākhyātā
rudrabījasamudbhavāḥ||19||

Jayaśca vijayaścaiva
jayantaścāparājitaḥ|
Sujayo jayarudraśca
jayakīrtirjayāvahaḥ||20||

Jayamūrtirjayotsāho
jayado jayavardhanaḥ|
Balaścātibalaścaiva
balabhadro balapradaḥ||21||

Balāvahaśca balavān
baladātā baleśvaraḥ|
Nandanaḥ sarvatobhadro
bhadramūrtiḥ śivapradaḥ||22||

Sumanāḥ spṛhaṇo durgo
bhadrakālo manonugaḥ|
Kauśikaḥ kālaviśveśau
suśivaḥ kopa eva ca||23||

Ete yonisamudbhūtā-
ścatustriṁśatprakīrtitāḥ|
Strīpāṭhavaśamāpannā
eta evātra śaktayaḥ||24||

Bījayonisamudbhūtā
rudraśaktisamāśrayāḥ|
Vācakānāmanantatvā-
tparisaṅkhyā na vidyate||25||

Sarvaśāstrārthagarbhiṇyā
ityevaṁ vidhayānayā|
Aghoraṁ bodhayāmāsa
svecchayā parameśvaraḥ||26||

Sa tayā samprabuddhaḥ sa-
nyoniṁ vikṣobhya śaktibhiḥ|
Tatsamānaśrutīnvarṇāṁ-
statsaṅkhyānasṛjatprabhuḥ||27||

Te tairāliṅgitāḥ santaḥ
sarvakāmaphalapradāḥ|
Bhavanti sādhakendrāṇāṁ
nānyathā vīravandite||28||

Tairidaṁ santataṁ viśvaṁ
sadevāsuramānuṣam|
Tebhyaḥ śāstrāṇi vedāśca
sambhavanti punaḥ punaḥ||29||

Anantasyāpi bhedasya
śivaśaktermahātmanaḥ|
Kāryabhedānmahādevi
traividhyaṁ samudāhṛtam||30||

Viṣayeṣveva saṁlīnā-
nadho'dhaḥ pātayantyaṇūn|
Rudrāṇūnyāḥ samāliṅgya
ghorataryo'parāḥ smṛtāḥ||31||

Miśrakarmaphalāsaktiṁ
pūrvavajjanayanti yāḥ|
Muktimārganirodhinya-
stāḥ syurghorāḥ parāparāḥ||32||

Pūrvavajjantujātasya
śivadhāmaphalapradāḥ|
Parāḥ prakathitāstajjñai-
raghorāḥ śivaśaktayaḥ||33||

Etāḥ sarvāṇusaṅghāta-
mapi niṣṭhā yathā sthitāḥ|
Tathā te kathitāḥ śambhoḥ
śaktirekaiva śāṅkarī||34||

Asyā vācakabhedena
bhedo'nyaḥ sampracakṣyate|
Yatheṣṭaphalasaṁsiddhyai
mantrātantrānuvartinām||35||

Viśeṣavidhihīneṣu
nyāsakarmasu mantravit|
Nyasecchāktaśarīrārthaṁ
bhinnayoniṁ tu mālinīm||36||

Na śikhā ṛṝ ḷḹ ca
śiromālā tha mastakam|
Netrāṇi ca dha vai nāsā
ī samudre ṇu ṇū śrutī||37||

Bakavargaiā vaktra-
dantajihvāsu vāci ca|
Vabhayāḥ kaṇṭhadakṣādi-
skandhayorbhujayorḍaḍhau||38||

Ṭho hastayorjhañau śākhā
jraṭau śūlakapālake|
Pahṛcchalau stanau kṣīra-
mā sa jīvo visargayuk||39||

Tatparaḥ kathitaḥ prāṇaḥ
ṣakṣāvudaranābhigau|
Maśāntāḥ kaṭiguhyoru-
yugmagā jānunī tathā||40||

Eaikārau tathā jaṅghe
tatparau caraṇau daphau|
Ato vidyāśca mantrāśca
samuddhāryā yathā śṛṇu||41||

Sabindukāṁ dakṣajaṅghāṁ
tato vācaṁ prakalpayet|
Tathaiva jaṅghayā yuktaṁ
caturthaṁ daśanaṁ tataḥ||42||

Dakṣajānuyutaṁ daṇḍaṁ
prāṇaṁ daṇḍasthamīryutam|
Pṛthagghṛddaṇḍakaṭigā
dvijadaṇḍau ca pūrvavat||43||

Utthitaṁ binduyukprāṇaṁ
pūrvavaddaśanaṁ tataḥ|
Daṇḍaṁ kevalamuddhṛtya
vāmamudrānvitaṁ punaḥ||44||

Dakṣajānuyutaṁ hṛcca
prāṇaṁ jīvātmanā yutam|
Daśanaṁ pūrvavannyasya
daṇḍaṁ kevalameva ca||45||

Nitambaṁ dakṣamudretaṁ
dvitīyaṁ jihvayā dvijam|
Sanāsaṁ dakṣaśikharaṁ
nitambaṁ kevalaṁ tataḥ||46||

Punastathaiva śikharaṁ
jaṭharaṁ kevalaṁ tataḥ|
Dakṣajānuyutaṁ karṇaṁ
kaṇṭhaṁ kevalameva ca||47||

Nitambaṁ kevalaṁ nyasya
hṛdayaṁ jihvayā yutam|
Vaktraṁ kevalamuddhṛtya
prāṇamādyena jānunā||48||

Śūladaṇḍacatuṣkaṁ ca
tatrādyaṁ dvayasaṁsthitam|
Vāmapādaṁ ca tasyānte
kapālaṁ patitaṁ nyaset||49||

Tataḥ paramaghorāntaṁ
pādyakādye ca pūrvavat|
Parāparā samākhyātā
aparā ca prakathyate||50||

Aghorāntaṁ nyasedādau
prāṇaṁ binduyutaṁ punaḥ|
Vāmamudrānvitaṁ nyasya
pādyaṁ kādyena pūrvavat||51||

Apareyaṁ samākhyātā
rudraśaktiṁ parāṁ śṛṇu|
Mantrāḥ sammukhatāṁ yānti
yayoccāritamātrayā||52||

Kampate gātrayaṣṭiśca
drutaṁ cotpatanaṁ bhavet|
Mudrābandhaṁ ca geyaṁ ca
śivāruditameva ca||53||

Atītānāgatārthasya
kuryādvā kathanādikam|
Vāmajaṅghānvito jīvaḥ
pāramparyakramāgataḥ||54||

Pareyamanayā siddhiḥ
sarvakāmaphalapradā|
Nāśiṣyāya pradeyeyaṁ
nābhaktāya kadācana||55||

Rudraśca rudraśaktiśca
guruśceti trayaṁ samam|
Bhaktyā prapaśyate yastu
tasmai deyā varānane||56||

Śiṣyeṇāpi tadā grāhyā
yadā santoṣito guruḥ|
Śarīradravyavijñāna-
śuddhikarmaguṇādibhiḥ||57||

Bodhitā tu yadā tena
guruṇā hṛṣṭacetasā|
Tadā siddhipradā jñeyā
nānyathā vīravandite||58||

Parāparāṅgasambhūtā
yoginyo'ṣṭau mahābalāḥ|
Pañca ṣaṭ pañca catvāri
dvitridvyarṇāḥ krameṇa tu||59||

Jñeyāḥ saptaikādaśārṇā
ekārdhārṇadvayānvitāḥ|
Jīvo dīrghasvaraiḥ ṣaḍbhiḥ
pṛthagjātisamanvitaḥ||60||

Vidyātrayasya gātrāṇi
hrasvairvaktrāṇi pañcabhiḥ|
Oṅkāraiḥ pañcabhirmantro
vidyāṅgahṛdayaṁ bhavet||61||

Oṁ amṛte tejomālini
svāhāpadāni bhūṣitam|
Ekādaśākṣaraṁ prokta-
metadbrahmaśiraḥ priye||62||

Vedavedini hūṁpmhaṭ ca
praṇavādisamanvitā|
Rudrāṇyaṣṭākṣarā jñeyā
śikhā vidyāgaṇasya tu||63||

Vajriṇe vajradharāya
svāhāntaṁ praṇavādikam|
Ekādaśākṣaraṁ varma
puruṣṭutamiti smṛtam||64||

Ślīpadaṁ paśuśabdaṁ ca
hūṁphaḍantaṁ bhavādikam|
Etatpāśupataṁ prokta-
mardhasaptākṣaraṁ param||65||

Laraṭakṣavayairdīrghaiḥ
samāyuktaiḥ sabindukaiḥ|
Indrādīnkalpayeddhrasvai-
stadastrāṇi vicakṣaṇaḥ||66||

Tadvannāsāpayobhyāṁ tu
kalpyau viṣṇuprajāpatī|
Svarāvādyatṛtīyau tu
vācakau padmacakrayoḥ||67||

Iti mātṛgaṇaḥ proktaḥ
sarvakāmaphalapradaḥ|
Yogināṁ yogasiddhyarthaṁ
kimanyatpariprcchasi||68||

Iti śrīmālinīvijayottare tantre mantroddhārādhikārastṛtīyaḥ||3||

स्तवचिन्थामनिः

Stavacintāmaniḥ

Sugirā cittahāriṇyā
paśyantyā dṛśyamānayā|
Jayatyullāsitānanda-
mahimā parameśvaraḥ||1||

Yaḥ sphītaḥ śrīdayābodha-
paramānandasampadā|
Vidyoddyotitamāhātmyaḥ
sa jayatyaparājitaḥ||2||

Prasaradbindunādāya
śuddhāmṛtamayātmane|
Namo'nantaprakāśāya
śaṅkarakṣīrasindhave||3||

Dviṣmastvāṁ tvāṁ stumastubhyaṁ
mantrayāmo'mbikāpate|
Ativāllabhyataḥ sādhu
viśvaṅ no dhṛtavānasi||4||

Saṁhṛtasparśayogāya
sampūrṇāmṛtasūtaye|
Viyanmāyāsvarūpāya
vibhave śambhave namaḥ||5||

Bhinneṣvapi na bhinnaṁ ya-
cchinneṣvacchinnameva ca|
Namāmaḥ sarvasāmānyaṁ
rūpaṁ tatparameśvaram||6||

Praṇavordhvārdhamātrāto-
'pyaṇave mahate punaḥ|
Brahmāṇḍādapi nairguṇya-
guṇāya sthāṇave namaḥ||7||

Brahmāṇḍagarbhiṇīṁ vyoma-
vyāpinaḥ sarvatogateḥ|
Parameśvarahaṁsasya
śaktiṁ haṁsīmiva stumaḥ||8||

Nirupādānasambhāra-
mabhittāveva tanvate|
Jagaccitraṁ namastasmai
kalāślāghyāya śūline||9||

Māyājalodarātsamya-
guddhṛtya vimalīkṛtam|
Śivajñānaṁ svato dugdhaṁ
dehyehi harahaṁsa naḥ||10||

Ṣaṭpramāṇīpariccheda-
bhedayoge'pyabhedine|
Paramārthaikabhāvāya
baliṁ yāmo bhavāya te||11||

Api paśyema gambhīrāṁ
pareṇa jyotiṣābhitaḥ|
Unmṛṣṭatamasaṁ ramyā-
mantarbhava bhavadguhām||12||

Namas tebhyo'pi ye soma-
kalākalitaśekharam|
Nāthaṁ svapne'pi paśyanti
paramānandadāyinam||13||

Bhagavanbhava bhāvatkaṁ
bhāvaṁ bhāvayituṁ ruciḥ|
Punarbhavabhayoccheda-
dakṣā kasmai na rocate||14||

Yāvajjīvaṁ jagannātha
kartavyamidamastu naḥ|
Tvatprasādāttvadekāgra-
manaskatvena yā sthitiḥ||15||

Śākhāsahasravistīrṇa-
vedāgamamayātmane|
Namo'nantaphalotpāda-
kalpavṛkṣāya śambhave||16||

Vāṅmanaḥkāyakarmāṇi
viniyojya tvayi prabho|
Tvanmayībhūya nirdvandvāḥ
kaccitsyāmāpi karhicit||17||

Jagatāṁ sargasaṁhāra-
tattaddhitaniyuktiṣu|
Ananyāpekṣasāmarthya-
śālini śūline namaḥ||18||

Vyatītaguṇayogasya
mukhyadhyeyasya dhūrjaṭeḥ|
Nāmāpi dhyāyatāṁ dhyānaiḥ
kimanyālambanaiḥ phalam||19||

Namo namaḥ śivāyeti
mantrasāmarthyamāśritāḥ|
Ślāghyāste śāmbhavīṁ bhūti-
mupabhoktuṁ ya udyatāḥ||20||

Kaḥ panthā yena na prāpyaḥ
kā ca vāṅ nocyase yayā|
Kiṁ dhyānaṁ yena na dhyeyaḥ
kiṁ vā kiṁ nāsi yatprabho||21||

Arcito'yamayaṁ dhyāta
eṣa toṣita ityayam|
Rasaḥ srotaḥsahasreṇa
tvayi me bhava vardhatām||22||

Namo niḥśeṣadhīpatri-
mālālayamayātmane|
Nāthāya sthāṇave tubhyaṁ
nāgayajñopavītine||23||

Ajñānatimirasyaika-
mauṣadhaṃ saṃsmṛtistava|
Bhava tattatpradānena
prasādaḥ kriyatāṃ mayi||24||

Nama īśāya niḥśeṣa-
puruṣārthaprasādhakaḥ|
Praṇantavyaḥ praṇāmo'pi
yadīya iha dhīmatām||25||

Magnairbhīme bhavāmbhodhau
nilaye duḥkhayādasām|
Bhakticintāmaṇiṃ śārvaṃ
tataḥ prāpya na kiṃ jitam||26||

Nirāvaraṇanirdvandva-
niścalajñānasampadām|
Jñeyo'si kila ke'pyete
ye tvāṃ jānanti dhūrjaṭe||27||

Nirguṇo'pi guṇajñānāṃ
jñeya eko jayatyajaḥ|
Niṣkāmo'pi prakṛtyā yaḥ
kāmanānāṃ paraṃ phalam||28||

Śrīratnāmṛtalābhāya
kliṣṭaṃ yatra na kaiḥ suraiḥ|
Tatkṣīrodadamaiśvaryaṃ
tavaiva sahajaṃ vibho||29||

Namo bhaktyā nṛṇāṁ muktyai
bhavate bhava te'vate|
Smṛtyā nutyā ca dadate
śambhave śaṁ bhave'bhave||30||

Sarvajñaḥ sarvakṛtsarva-
masīti jñānaśālinām|
Vedyaṁ kiṁ karma vā nātha
nānantyāya tvayārpyate||31||

Icchāyā eva yasyeyat
phalaṁ lokatrayātmakam|
Tasya te nātha kāryāṇāṁ
ko vetti kiyatī gatiḥ||32||

Brahmādayo'pi tadyasya
karmasopānamālayā|
Uparyupari dhāvanti
labdhuṁ dhāma namāmi tam||33||

Ayaṁ brahmā mahendro'yaṁ
sūryācandramasāvimau|
Iti śaktilatā yasya
puṣpitā pātvasau bhavaḥ||34||

Bhramo na labhyate yasya
bhrāntāntaḥkaraṇairapi|
Dūragairapi yasyānto
durgamastaṁ stumo mṛdam||35||

Namaḥ stutau smṛtau dhyāne
darśane sparśane tathā|
Prāptau cānandavṛndāya
dayitāya kapardine||36||

Kiṁ smayeneti matvāpi
manasā parameśvara|
Smayena tvanmayo'smīti
māmi nātmani kiṁ mudā||37||

Cintayitvāpi kartavya-
koṭīścittasya cāpalāt|
Viśrāmyanbhava bhāvatka-
cittānande rame bhṛśam||38||

Sūkṣmo'si cettrilokīyaṁ
kalāmātraṁ kathaṁ tava|
Sthūlo'tha kiṁ sudarśo na
brahmādibhirapi prabho||39||

Vācya eṣāṁ tvameveti
nābhaviṣyadidaṁ yadi|
Kaḥ kleśaṁ deva vāgjāle-
ṣvakariṣyatsudhīstadā||40||

Krameṇa karmaṇā kena
kayā vā prajñayā prabho|
Dṛśyo'sītyupadeśena
prasādaḥ kriyatāṁ mama||41||

Namo nirupakāryāya
trailokyaikopakāriṇe|
Sarvasya spṛhaṇīyāya
niḥspṛhāya kapardine||42||

Aho kṣetrajñatā seyaṁ
kāryāya mahate satām|
Yayānantaphalāṁ bhaktiṁ
vapanti tvayyamī prabho||43||

Mahatīyamaho māyā
tava māyinyayāvṛtaḥ|
Tvaddhyānanidhilābhe'pi
mugdho lokaḥ ślathāyate||44||

Ārambhe bhava sarvatra
karma vā karaṇādi vā|
Viśvamastu svatantrastu
kartā tatraikako bhavān||45||

Triguṇatriparispanda-
dvandvagrastaṁ jagattrayam|
Uddhartuṁ bhavato'nyasya
kasya śaktiḥ kṛpāthavā||46||

Doṣo'pi deva ko doṣa-
stvāmāptuṁ yaḥ samāsthitaḥ|
Guṇo'pi ca guṇaḥ ko nu
tvāṁ nāptuṁ yaḥ samāsthitaḥ||47||

Rāgo'pyastu jagannātha
mama tvayyeva yaḥ sthitaḥ|
Lobhāyāpi namas tasmai
tvallābhālambanāya me||48||

Aho mahadidaṁ karma
deva tvadbhāvanātmakam|
Ābrahmakrimi yasminno
muktaye'dhikriyeta kaḥ||49||

Ārambhaḥ sarvakāryāṇāṁ
paryantaḥ sarvakarmaṇām|
Tadantarvṛttayaścitrā-
stavaiveśa dhiyaḥ pathi||50||

Yāvaduttaramāsvāda-
sahasraguṇavistaraḥ|
Tvadbhaktirasapīyūṣā-
nnātha nānyatra dṛśyate||51||

Upasaṁhṛtakāmāya
kāmāyatimatanvate|
Avataṁsitasomāya
somāya svāmine namaḥ||52||

Kimaśaktaḥ karomīti
sarvatrānadhyavasyataḥ|
Sarvānugrāhikā śaktiḥ
śāṅkarī śaraṇaṁ mama||53||

Guṇātītasya nirdiṣṭa-
niḥśeṣātiśayātmanaḥ|
Labhyate bhava kutrāṁśe
paraḥ pratinidhistava||54||

Nirdvandve nirupādhau ca
tvayyātmani sati prabho|
Vayaṁ vañcyāmahe'dyāpi
māyayāmeyayā tava||55||

Aṇimādiguṇāvāptiḥ
sadaiśvaryaṁ bhavakṣayaḥ|
Amī bhava bhavadbhakti-
kalpapādapapallavāḥ||56||

Yā yā diktatra na kvāsi
sarvaḥ kālo bhavanmayaḥ|
Iti labdho'pi karhi tvaṁ
lapsyase nātha kathyatām||57||

Namaḥ prasannasadvṛtta-
mānasaikanivāsine|
Bhūribhūtisitāṅgāya
mahāhaṁsāya śambhave||58||

Hṛtoddhatatamastāntiḥ
pluṣṭāśeṣabhavendhanā|
Tvadbodhadīpikā me'stu
nātha tvadbhaktidīpikā||59||

Visṛṣṭānekasadbīja-
garbhaṁ trailokyanāṭakam|
Prastāvya hara saṁhartuṁ
tvattaḥ ko'nyaḥ kaviḥ kṣamaḥ||60||

Namaḥ sadasatāṁ kartu-
masattvaṁ sattvameva vā|
Svatantrāyāsvatantrāya
vyayaiśvaryaikaśāline||61||

Trailokye'pyatra yo yāvā-
nānandaḥ kaścidīkṣyate|
Sa binduryasya taṁ vande
devamānandasāgaram||62||

Aho brahmādayo dhanyā
ye vimuktānyasaṅkatham|
Namo namaḥ śivāyeti
japantyāhlādavihvalāḥ||63||

Niṣkāmāyāpi kāmānā-
manantānāṁ vidhāyine|
Anāditve'pi viśvasya
bhoktre bhava namo'stu te||64||

Stumastribhuvanārambha-
mūlaprakṛtimīśvaram|
Lipserannopakāraṁ ke
yataḥ sampūrṇadharmaṇaḥ||65||

Mahatsvapyarthakṛcchreṣu
mohaughamalinīkṛtāḥ|
Smṛte yasminprasīdanti
matayastaṃ śivaṃ stumaḥ||66||

Prabho bhavata eveha
prabhuśaktirabhaṅgurā|
Yadicchayā pratāyete
trailokyasya layodayau||67||

Kukarmāpi yamuddiśya
devaṃ syātsukṛtaṃ param|
Sukṛtasyāpi saukṛtyaṃ
yato'nyatra na so'si bhoḥ||68||

Eṣa muṣṭyā gṛhīto'si
dṛṣṭa eṣa kva yāsi naḥ|
Iti bhaktirasādhmātā
dhanyā dhāvanti dhūrjaṭim||69||

Stumastvāmṛgyajuḥsāmnāṃ
śukrataḥ parataḥ param|
Yasya vedātmikājñeya-
maho gambhīrasundarī||70||

Vidhirādistathānto'si
viśvasya parameśvara|
Dharmagrāmaḥ pravṛtto ya-
stvatto na sa kuto bhavet||71||

Namaste bhavasambhrānta-
bhrāntimudbhāvya bhindate|
Jñānānandaṁ ca nirdvandvaṁ
deva vṛtvā vivṛṇvate||72||

Yasyāḥ prāpyeta paryanta-
viśeṣaḥ kairmanorathaiḥ|
Māyāmekanimeṣeṇa
muṣṇaṁstāṁ pātu naḥ śivaḥ||73||

Vairāgyasya gatiṁ gurvīṁ
jñānasya paramāṁ śriyam|
Naiḥspṛhyasya parāṁ koṭiṁ
bibhratāṁ tvaṁ prabho prabhuḥ||74||

Brahmaṇo'pi bhavānbrahma
kasya neśastvamīśituḥ|
Jagatkalyāṇakalyāṇaṁ
kiyattvamiti vetti kaḥ||75||

Kimanyairbandhubhiḥ kiṁ ca
suhṛdbhiḥ svāmibhistathā|
Sarvasthāne mameśa tvaṁ
ya uddhartā bhavārṇavāt||76||

Jayanti mohamāyādi-
malasaṅkṣālanakṣamāḥ|
Śaivayogabalākṛṣṭā
divyapīyūṣavipruṣaḥ||77||

Gāyatryā gīyate yasya
dhiyāṁ tejaḥ pracodakam|
Codayedapi kaccinnaḥ
sa dhiyaḥ satpathe prabhuḥ||78||

Aṣṭamūrte kimekasyā-
mapi mūrtau na naḥ sthitim|
Śāśvatīṁ kuruṣe yadvā
tuṣṭaḥ sarvaṁ kariṣyasi||79||

Vastutattvaṁ padārthānāṁ
prāyeṇārthakriyākaram|
Bhavatastvīśa nāmāpi
mokṣaparyantasiddhidam||80||

Muhurmuhurjagaccitra-
syānyānyāṁ sthitimūhitum|
Śaktiryā te tayā nātha
ko manasvī na vismitaḥ||81||

Duṣkaraṁ sukarīkartuṁ
duḥkhaṁ sukhayituṁ tathā|
Ekavīrā smṛtiryasya
taṁ smarāmaḥ smaradviṣam||82||

Jayanti gītayo yāsāṁ
sa geyaḥ parameśvaraḥ|
Yannāmnāpi mahātmānaḥ
kīryante pulakāṅkuraiḥ||83||

Bhavāniva bhavāneva
bhavedyadi paraṁ bhava|
Svaśaktivyūhasaṁvyūḍha-
trailokyārambhasaṁhṛtiḥ||84||

Mantro'si mantraṇīyo'si
mantrī tvattaḥ kuto'paraḥ|
Sa mahyaṁ dehi taṁ mantraṁ
tvanmantraḥ syāṁ yathā prabho||85||

Bhārūpaḥ satyasaṅkalpa-
stvamātmā yasya so'pyaham|
Saṁsārīti kimīśaiṣa
svapnaḥ so'pi kutastvayi||86||

Tadabhaṅgi tadagrāmyaṁ
tadekamupapattimat|
Tvayi karmaphalanyāsa-
kṛtāmaiśvaryamīśa yat||87||

Kṣamaḥ kāṁ nāpadaṁ hantuṁ
kāṁ dātuṁ sampadaṁ na vā|
Yo'sau sa dayito'smākaṁ
devadevo vṛṣadhvajaḥ||88||

Māyāmayamalāndhasya
divyasya jñānacakṣuṣaḥ|
Nirmalīkaraṇe nātha
tvadbhaktiḥ paramāñjanam||89||

Nirbhayaṁ yadyadānanda-
mayamekaṁ yadavyayam|
Padaṁ dehyehi me deva
tūrṇaṁ tatkiṁ pratīkṣase||90||

Aho nisargagambhīro
ghoraḥ saṁsārasāgaraḥ|
Aho tattaraṇopāyaḥ
paraḥ ko'pi maheśvaraḥ||91||

Namaḥ kṛtakṛtāntānta
tubhyaṁ madanamardine|
Mastakanyastagaṅgāya
yathāyuktārthakāriṇe||92||

Aiśvaryajñānavairāgya-
dharmebhyo'pyupari sthitim|
Nātha prārthayamānānāṁ
tvadṛte kā parā gatiḥ||93||

Tvayyanicchati kaḥ śambho
śaktaḥ kubjayituṁ tṛṇam|
Tvadicchānugṛhītastu
vahedbrāhmīṁ dhuraṁ na kaḥ||94||

Harapraṇatimāṇikya-
mukuṭotkaṭamastakāḥ|
Nameyuḥ kaṁ paraṁ kaṁ vā
namayeyurna dhīdhanāḥ||95||

Sarvavibhramanirmoka-
niṣkampamamṛtahradam|
Bhavajjñānāmbudhermadhya-
madhyāsīyāpi dhūrjaṭe||96||

Citraṁ yaccitradṛṣṭo'pi
manorathagato'pi vā|
Paramārthaphalaṁ nātha
paripūrṇaṁ prayacchasi||97||

Ko guṇairadhikastvatta-
stvattaḥ ko nirguṇo'dhikaḥ|
Iti nātha numaḥ kiṁ tvāṁ
kiṁ nindāmo na manmahe||98||

Kīrtane'pyamṛtaughasya
yatprasatteḥ phalaṁ tava|
Tatpātumapi ko'nyo'laṁ
kimu dātuṁ jagatpate||99||

Niḥśeṣaprārthanīyārtha-
sārthasiddhinidhānataḥ|
Tvattastvadbhaktimevāptuṁ
prārthaye nātha sarvathā||100||

Namastrailokyanāthāya
tubhyaṁ bhava bhavajjuṣām|
Trilokīnāthatādāna-
nirvināyakaśaktaye||101||

Niḥśeṣakleśahānasya
hetuḥ ka iti saṁśaye|
Svāminso'sīti niścitya
kastvāṁ na śaraṇaṁ gataḥ||102||

Bhuktvā bhogānbhavabhrāntiṁ
hitvā lapsye paraṁ padam|
Ityāśaṁseha śobheta
śambhau bhaktimataḥ param||103||

Nātha svapne'pi yatkuryāṁ
brūyāṁ vā sādhvasādhu vā|
Tvadadhīnatvadarpeṇa
sarvatrātrāsmi nirvṛtaḥ||104||

Jyotiṣāmapi yajjyoti-
statra tvaddhāmni dhāvataḥ|
Cittasyeśa tamaḥsparśo
manye vandhyātmajānujaḥ||105||

Manye nyastapadaḥ so'pi
kṣemye mokṣasya vartmani|
Manorathaḥ sthito yasya
seviṣye śivamityayam||106||

Sthityutpattilayairloka-
trayasyopakriyāsviha|
Ekaiveśa bhavacchaktiḥ
svatantraṁ tantramīkṣase||107||

Trilokyāmiha kastrāta-
stritāpyā nopatāpitaḥ|
Tasmai namo'stu te yastvaṁ
tannirvāṇāmṛtahradaḥ||108||

Kṛtrimāpi bhavadbhakti-
rakṛtrimaphalodayā|
Niśchadmā cedbhavedeṣā
kimphaleti tvayocyatām||109||

Taccakṣurīkṣyase yena
sā gatirgamyase yayā|
Phalaṁ tadaja jātaṁ ya-
ttvatkathākalpapādapāt||110||

Śreyasā śreya evaita-
dupari tvayi yā sthitiḥ|
Tadantarāyahṛtaye
tvamīśa śaraṇaṁ mama||111||

Aho svādutamaḥ śarva-
sevāśaṁsāsudhārasaḥ|
Kutra kālakalāmātre
na yo navanavāyate||112||

Muhurmuhuraviśrānta-
strailokyaṁ kalpanāśataiḥ|
Kalpayannapi ko'pyeko
nirvikalpo jayatyajaḥ||113||

Malatailāktasaṁsāra-
vāsanāvartidāhinā|
Jñānadīpena deva tvāṁ
kadā nu syāmupasthitaḥ||114||

Nimeṣamapi yadyekaṁ
kṣīṇadoṣe kariṣyasi|
Padaṁ citte tadā śambho
kiṁ na sampādayiṣyasi||115||

Dhanyo'smi kṛtakṛtyo'smi
mahānasmīti bhāvanā|
Bhavetsālambanā tasya
yastvadālambanaḥ prabho||116||

Śubhāśubhasya sarvasya
svayaṁ kartā bhavānapi|
Bhavadbhaktistu jananī
śubhasyaiveśa kevalam||117||

Prasanne manasi svāmi-
nkiṁ tvaṁ niviśase kimu|
Tvatpraveśātprasīdetta-
diti dolāyate janaḥ||118||

Niścayaḥ punareṣo'tra
tvadadhiṣṭhānameva hi|
Prasādo manasaḥ svāmi-
nsā siddhistatparaṁ padam||119||

Vacaścetaśca kāryaṁ ca
śarīraṁ mama yatprabho|
Tvatprasādena tadbhūyā-
dbhavadbhāvaikabhūṣaṇam||120||

Stavacintāmaṇiṁ bhūri-
manorathaphalapradam|
Bhaktilakṣmyālayaṁ śambho-
rbhaṭṭanārāyaṇo vyadhāt||121||

भक्तिविलास

Bhaktivilāsa

Na dhyāyato na japataḥ
syādyasyāvidhipūrvakam|
Evameva śivābhāsa-
staṁ numo bhaktiśālinam||1||

Ātmā mama bhavadbhakti-
sudhāpānayuvā'pi san|
Lokayātrārajorāgā-
tpalitairiva dhūsaraḥ||2||

Labdhatvatsampadāṁ bhakti-
matāṁ tvatpuravāsinām|
Sañcāro lokamārge'pi
syāttayaiva vijṛmbhayā||3||

Sākṣādbhavanmaye nātha
sarvasminbhuvanāntare|
Kiṁ na bhaktimatāṁ kṣetraṁ
mantraḥ kvaiṣāṁ na siddhyati||4||

Jayanti bhaktipīyūṣa-
rasāsavavaronmadāḥ|
Advitīyā api sadā
tvaddvitīyā api prabho||5||

Anantānandasindhoste
nātha tattvaṁ vidanti te|
Tādṛśā eva ye sāndra-
bhaktyānandarasāplutāḥ||6||

Tvamevātmeśa sarvasya
sarvaścātmani rāgavān|
Iti svabhāvasiddhāṁ tva-
dbhaktiṁ jānañjayejjanaḥ||7||

Nātha vedyakṣaye kena
na dṛśyo'syekakaḥ sthitaḥ|
Vedyavedakasaṅkṣobhe
'pyasi bhaktaiḥ sudarśanaḥ||8||

Anantānandasarasī
devī priyatamā yathā|
Aviyuktāsti te tadva-
dekā tvadbhaktirastu me||9||

Sarva eva bhavallābha-
heturbhaktimatāṁ vibho|
Saṁvinmārgo'yamāhlāda-
duḥkhamohaistridhā sthitaḥ||10||

Bhavadbhaktyamṛtāsvādā-
dbodhasya syātparāpi yā|
Daśā sā māṁ prati svāmi-
nnāsavasyeva śuktatā||11||

Bhavadbhaktimahāvidyā
yeṣāmabhyāsamāgatā|
Vidyāvidyobhayasyāpi
ta ete tattvavedinaḥ||12||

Āmūlādvāglatā seyaṁ
kramavisphāraśālinī|
Tvadbhaktisudhayā siktā
tadrasāḍhyaphalāstu me||13||

Śivo bhūtvā yajeteti
bhakto bhūtveti kathyate|
Tvameva hi vapuḥ sāraṁ
bhaktairadvayaśodhitam||14||

Bhaktānāṁ bhavadadvaita-
siddhyai kā nopapattayaḥ|
Tadasiddhyai nikṛṣṭānāṁ
kāni nāvaranāṇi vā||15||

Kadācitkvāpi labhyo'si
yogenetīśa vañcanā|
Anyathā sarvakakṣyāsu
bhāsi bhaktimatāṁ katham||16||

Pratyāhārādyasaṁspṛṣṭo
viśeṣo'sti mahānayam|
Yogibhyo bhaktibhājāṁ ya-
dvyutthāne'pi samāhitāḥ||17||

Na yogo na tapo nārcā-
kramaḥ ko'pi praṇīyate|
Amāye śivamārge'smi-
nbhaktirekā praśasyate||18||

Sarvato vilasadbhakti-
tejodhvastāvṛtermama|
Pratyakṣasarvabhāvasya
cintānāmāpi naśyatu||19||

Śiva ityekaśabdasya
jihvāgre tiṣṭhataḥ sadā|
Samastaviṣayāsvādo
bhakteṣvevāsti ko'pyaho||20||

Śāntakallolaśītāccha-
svādubhaktisudhāmbudhau|
Alaukikarasāsvāde
susthaiḥ ko nāma gaṇyate||21||

Mādṛśaiḥ kiṁ na carvyeta
bhavadbhaktimahauṣadhiḥ|
Tādṛśī bhagavanyasyā
mokṣākhyo'nantaro rasaḥ||22||

Tā eva paramarthyante
sampadaḥ sadbhirīśa yāḥ|
Tvadbhaktirasasambhoga-
visrambhapariposikāḥ||23||

Bhavadbhaktisudhāsāra-
staiḥ kimapyupalakṣitaḥ|
Ye na rāgādipaṅke'smiṁ-
llipyante patitā api||24||

Aṇimādiṣu mokṣānte-
ṣvaṅgeṣveva phalābhidhā|
Bhavadbhaktervipakvāyā
latāyā eva keṣucit||25||

Citraṁ nisargato nātha
duḥkhabījamidaṁ manaḥ|
Tvadbhaktirasasaṁsiktaṁ
niḥśreyasamahāphalam||26||

Iti śrīmadutpaladevācāryaviracite śrīśivastotrāvalyāṁ
bhaktivilāsākhyaṁ prathamaṁ stotram|

प्रणयप्रसाद

Praṇayaprasāda

Sadasattvena bhāvānāṃ
yuktā yā dvitayī gatiḥ|
Tāmullaṅghya tṛtīyasmai
namaścitrāya śambhave||1||

Āsurarṣijanādasmi-
nnasvatantre jagattraye|
Svatantrāste svatantrasya
ye tavaivānujīvinaḥ||2||

Aśeṣaviśvakhacita-
bhavadvapuranusmṛtiḥ|
Yeṣāṃ bhavarujāmekaṃ
bheṣajaṃ te sukhāsinaḥ||3||

Sitātapatraṃ yasyenduḥ
svaprabhāparipūritaḥ|
Cāmaraṃ svardhunīsrotaḥ
sa ekaḥ parameśvaraḥ||4||

Prakāśaṃ śītalāmekāṃ
śuddhāṃ śaśikalāmiva|
Dṛśaṃ vitara me nātha
kāmapyamṛtavāhinīm||5||

Tvaccidānandajaladhe-
ścyutāḥ saṁvittiviprusaḥ|
Imāḥ kathaṁ me bhagava-
nnāmṛtāsvādasundarāḥ||6||

Tvayi rāgarase nātha
na magnaṁ hṛdayaṁ prabho|
Yeṣāmahṛdayā eva
te'vajñāspadamīdṛśāḥ||7||

Prabhuṇā bhavatā yasya
jātaṁ hṛdayamelanam|
Prābhavīṇāṁ vibhūtīnāṁ
paramekaḥ sa bhājanam||8||

Harṣāṇāmatha śokānāṁ
sarveṣāṁ plāvakaḥ samam|
Bhavaddhyānāmṛtāpūro
nimnānimnabhuvāmiva||9||

Keva na syāddaśā teṣāṁ
sukhasambhāranirbharā|
Yeṣāmātmādhikeneśa
na kvāpi virahastvayā||10||

Garjāmi bata nṛtyāmi
pūrṇā mama manorathāḥ|
Svāmī mamaiṣa ghaṭito
yattvamatyantarocanaḥ||11||

Nānyadvedyaṁ kriyā yatra
nānyo yogo vidā ca yat|
Jñānaṁ syātkintu viśvaika-
pūrṇā cittvaṁ vijṛmbhate||12||

Durjayānāmanantānāṁ
duḥkhānāṁ sahasaiva te|
Hastātpalāyitā yeṣāṁ
vāci śaśvacchivadhvaniḥ||13||

Uttamaḥ puruṣo'nyo'sti
yuṣmaccheṣaviśeṣitaḥ|
Tvaṁ mahāpuruṣastveko
niḥśeṣapuruṣāśrayaḥ||14||

Jayanti te jagadvandyā
dāsāste jagatāṁ vibho|
Saṁsārārṇava evaiṣa
yeṣāṁ krīḍāmahāsaraḥ||15||

Āsatāṁ tāvadanyāni
dainyānīha bhavajjuṣām|
Tvameva prakaṭībhūyā
ityanenaiva lajjyate||16||

Matparaṁ nāsti tatrāpi
jāpako'smi tadaikyataḥ|
Tattvena japa ityakṣa-
mālayā diśasi kvacit||17||

Sato'vaśyaṁ paramasa-
tsacca tasmātparaṁ prabho|
Tvaṁ cāsatassataścānya-
stenāsi sadasanmayaḥ||18||

Sahasrasūryakiraṇā-
dhikaśuddhaprakāśavān|
Api tvaṁ sarvabhuvana-
vyāpako'pi na dṛśyase||19||

Jaḍe jagati cidrūpaḥ
kila vedye'pi vedakaḥ|
Vibhurmite ca yenāsi
tena sarvottamo bhavān||20||

Alamākranditairanyai-
riyadeva puraḥ prabhoḥ|
Tīvraṁ viraumi yannātha
muhyāmyevaṁ vidannapi||21||

Iti śrīmadutpaladevācāryaviracite śrīśivastotrāvalyāṁ
praṇayaprasādākhyaṁ tṛtiyaṁ stotram||

अध्वविस्फुरण

Adhvavisphuraṇa

Kṣaṇamātramapīśāna
viyuktasya tvayā mama|
Nibiḍaṁ tapyamānasya
sadā bhūyā dṛśaḥ padam||1||

Viyogasāre saṁsāre
priyeṇa prabhuṇā tvayā|
Aviyuktaḥ sadaiva syāṁ
jagatāpi viyojitaḥ||2||

Kāyavāṅmanasairyatra
yāmi sarvaṁ tvameva tat|
Ityeṣa paramārtho'pi
paripūrṇo'stu me sadā||3||

Nirvikalpo mahānanda-
pūrṇo yadvadbhavāṁstathā|
Bhavatstutikarī bhūyā-
danurūpaiva vāṅmama||4||

Bhavadāveśataḥ paśyan
bhāvaṁ bhāvaṁ bhavanmayam|
Vicareyaṁ nirākāṅkṣaḥ
praharṣaparipūritaḥ||5||

Bhagavanbhavataḥ pūrṇaṁ
paśyeyamakhilaṁ jagat|
Tāvataivāsmi santuṣṭa-
stato na parikhidyase||6||

Vilīyamānāstvayyeva
vyomni meghalavā iva|
Bhāvā vibhāntu me śaśva-
tkramanairmalyagāminaḥ||7||

Svaprabhāprasaradhvastā-
paryantadhvāntasantatiḥ|
Santataṁ bhātu me ko'pi
bhavamadhyādbhavanmaṇiḥ||8||

Kāṁ bhūmikāṁ nādhiśeṣe
kiṁ tatsyādyanna te vapuḥ|
Śrāntastenāprayāsena
sarvatastvāmavāpnuyām||9||

Bhavadaṅgapariṣvaṅga-
sambhogaḥ svecchayaiva me|
Ghaṭatāmiyati prāpte
kiṁ nātha na jitaṁ mayā||10||

Prakaṭībhava nānyābhiḥ
prārthanābhiḥ kadarthanāḥ|
Kurmaste nātha tāmyanta-
stvāmeva mṛgayāmahe||11||

Iti śrīmadutpaladevācāryaviracite
śrīśivastotrāvalyāmadhvavisphuraṇākhyaṁ ṣaṣṭhaṁ stotram||

परात्रीशिका

Parātrīśikā

Śrīdevyuvāca

Anuttaraṁ kathaṁ deva
sadyaḥ kaulikasiddhidam|
Yena vijñātamātreṇa
khecarīsamatāṁ vrajet||1||

Etadguhyaṁ mahāguhyaṁ
kathayasva mama prabho|

Hṛdayasthā tu yā śaktiḥ
kaulikī kulanāyikā|
Tāṁ me kathaya deveśa
yena tṛptiṁ labhāmyaham||2||

Bhairava uvāca:
Śṛṇu devi mahābhāga
uttarasyāpyanuttaram||3||

Kauliko'yaṁ vidhirdevi
mama hṛdvyomnyavasthitaḥ |
Kathayāmi sureśāni
sadyaḥ kaulikasiddhidam||4||

Athādyāstithayaḥ sarve
svarā bindvavasānagāḥ|
Tadantaḥ kālayogena
somasūryau prakīrtitau||5||

Pṛthivyādīni tattvāni
puruṣāntāni pañcasu|
Kramātkādiṣu vargeṣu
makārānteṣu suvrate||6||

Vāyvagnisalilendrāṇāṁ
dhāraṇānāṁ catuṣṭayam|
Tadūrdhvaṁ śādi vikhyātaṁ
purastādbrahmapañcakam||7||

Amūlā tatkramājjñeyā
kṣāntā sṛṣṭirudāhṛtā|
Sarveṣāmeva mantrāṇāṁ
vidyānāṁ ca yaśasvini||8||

Iyaṁ yoniḥ samākhyātā
sarvatantreṣu sarvadā|
Caturdaśayutaṁ bhadre
tithīśāntasamanvittam||9||

Tṛtīyaṁ brahma suśroṇi
hṛdayaṁ bhairavātmanaḥ|
Etannāyoginījāto
nārudro labhate sphuṭam||10||

Hṛdayaṁ devadevasya
sadyo yogavimuktidam|
Asyoccāre kṛte samya-
ṅmantramudrāgaṇo mahān||11||

Sadyastanmukhatāmeti
svadehāveśalakṣaṇam|
Muhurtaṁ smarate yastu
cumbakenābhimudritaḥ||12||

Sa badhnāti tadā sarvaṁ
mantramudrāgaṇam naraḥ|
Atītānāgatānarthā-
npṛṣṭo'sau kathayatyapi||13||

Praharādyadabhipretaṁ
devatārūpamuccaran|
Sākṣātpaśyatyasandigha-
mākṛṣṭaṁ rudraśaktibhiḥ||14||

Praharadvayamātreṇa
vyomastho jāyate smaran|
Trayeṇa mātaraḥ sarvā
yogīśvaryo mahābalāḥ||15||

Vīra vīreśvarāḥ siddhā
balavāñchākinīgaṇaḥ|
Āgatya samayaṁ dattvā
bhairaveṇa pracoditāḥ||16||

Yaccanti paramāṁ siddhiṁ
phalaṁ yadvā samīhitam|
Anena siddhāḥ setsyanti
sādhayanti ca mantriṇaḥ||17||

Yatkiñcidbhairave tantre
sarvamasmātprasiddhyati|
Mantravīryasamāveśa-
prabhāvātna niyantraṇā||18||

Adṛṣṭamaṇḍalo'pyevaṁ
yaḥ kaścidvetti tattvataḥ|
Sa siddhibhāgbhavennityaṁ
sa yogī sa ca dīkṣitaḥ||19||

Anena jñātamātreṇa
jñāyate sarvaśaktibhiḥ|
Śākinīkulasāmānyo
bhavedyogaṁ vināpi hi||20||

Avidhijño vidhānajño
jāyate yajanaṁ prati||21||

Kālāgnimāditaḥ kṛtvā
māyāntaṁ brahmadehagam|
Śivo viśvādyanantāntaḥ
paraṁ śaktitrayaṁ matam||22||

Tadantarvarti yatkiñci-
tśuddhamārge vyavasthitam|
Aṇurviśuddhamacirā-
daiśvaraṁ jñānamaśnute||23||

Taccodakaḥ śivo jñeyaḥ
sarvajñaḥ parameśvaraḥ|
Sarvago nirmalaḥ svaccha-
stṛptaḥ svāyatanaḥ śuciḥ||24||

Yathā nyagrodhabījasthaḥ
śaktirūpo mahādrumaḥ|
Tathā hṛdayabījasthaṁ
jagadetaccarācaram||25||

Evaṁ yo vetti tattvena
tasya nirvāṇagāminī|
Dīkṣā bhavatyasandigdhā
tilājyāhutivarjitā||26||

Mūrdhni vaktre ca hṛdaye
guhye mūrtau tathaiva ca|
Nyāsaṁ kṛtvā śikhāṁ baddhvā
saptaviṁśatimantritām||27||

Ekaikena diśāṁ bandhaṁ
daśānām api yojayet|
Tālatrayaṁ purā dattvā
saśabdaṁ vighnaśāntaye||28||

Śikhāsaṅkhyābhijaptena
toyenābhyukṣayettataḥ|
Puṣpādikaṁ kramātsarvaṁ
liṅge vā sthaṇḍile'thavā||29||

Caturdaśābhijaptena
puṣpeṇāsanakalpanā|
Tatra sṛṣṭiṁ yajedvīraḥ
punarevāsanaṁ tataḥ||30||

Sṛṣṭiṁ tu sampuṭīkṛtya
paścādyajanamārabhet|
Sarvatattvasusampūrṇaṁ
sarvābharaṇabhūṣitām||31||

Yajeddevīṁ maheśānīṁ
saptaviṁśatimantritām|
Tataḥ sugandhipuṣpaistu
yathāśaktyā samarcayet||32||

Pūjayetparayā bhaktyā
ātmānaṁ ca nivedayet|
Evaṁ yajanamākhyāta-
magnikārye'pyayaṁ vidhiḥ||33||

Kṛtapūjāvidhiḥ samya-
ksmaranbījaṁ prasiddhyati||34||

Ādyantarahitaṃ bījaṃ
vikasattithimadhyagam|
Hṛtpadmāntargataṃ dhyāye-
tsomāṃśaṃ nityamabhyaset||35||

Yānyānkāmayate kāmāṃ-
stāṃstāñchīghramavāpnuyāt|
Asmātpratyakṣatāmeti
sarvajñatvaṃ na saṃśayaḥ||36||

Evaṃ mantraphalāvāpti-
rityetadrudrayāmalam|
Etadabhyāsataḥ siddhiḥ
sarvajñatvamavāpyate||37||

Iti rudrayāmalatantrāntargate parātrīśikāsampūrṇam||

कुण्डलिनीस्तवः

Kuṇḍalinīstavaḥ

Janmoddhāranirīkṣaṇīhataruṇī vedādibījādimā|
Nityaṁ cetasi bhāvyate bhuvi kadā sadvākyasañcāriṇī|
Māṁ pātu priyadāsa bhāvakapadaṁ saṅghātaye śrīdharā|
Dhātri tvaṁ svayamādidevavanitādīnātidīnaṁ paśum||1||

Raktābhāmṛtacandrikālipimayī sarpākṛtirnidritā|
Jāgratkūrmasamāśritā bhagavati tvaṁ māṁ samālokaya|
Māṁ sodgandhakugandhadoṣajaḍitaṁ vedādikāryānvitaṁ|
Svalpānyāmalacandrakoṭikiraṇairnityaṁ śarīraṁ kuru||2||

Siddhārthī nijadoṣavit sthalagatirvyājīyate vidyayā|
Kuṇḍalyākulamārgamuktanagarīmāyākumārgaḥ śriyā|
Yadyevaṁ bhajati prabhātasamaye madhyāhnakāle'thavā|
Nityaṁ yaḥ kulakuṇḍalījapapadāmbhojaṁ sa siddho bhavet||3||

Vāyvākāśacaturdale'tivimale vāñchāphale mūlake|
Nityaṁ samprati nityadehaghaṭitā śāṅketitā bhāvitā|
Vidyā kuṇḍalamālinī svajananī māyā kriyā bhāvyate|
Yaistaiḥ siddhakulodbhavaiḥ praṇatibhiḥ satstotrakaiḥ śambhubhiḥ||4||

Dhātāśaṅkaramohinī tribhuvanacchāyāpaṭodgāminī|
Saṁsārādimahāsukhapraharaṇī tatra sthitā yoginī|
Sarvagranthivibhedinī svabhujagā sūkṣmātisūkṣmā parā|
Brahmajñānavinodinī kulakuṭī vyāghātinī bhāvyate||5||

Vande śrīkulakuṇḍalīṁ trivalibhiḥ sāṅgaiḥ svayambhūpriyāṁ|

Prāviṣṭāmbaramāracittacapalāṁ bālābalāniṣkalām|

Yā devī paribhāti vedavadanā sambhāvinī tāpinī|

Iṣṭānāṁ śirasi svayambhuvanitāṁ sambhāvayāmi kriyām||6||

Vāṇīkoṭi mṛdaṅganādamadanāniśreṇikoṭidhvaniḥ|

Prāṇeśī rasarāśimūlakamalollāsaikapūrṇānanā|

Āṣāḍhodbhavamegharājijanitadhvāntānanāsthāyinī|

Mātā sā paripātu sūkṣmapathage māṁ yogināṁ śaṅkarī||7||

Tvāmāśritya narā vrajanti sahasā vaikuṇṭhakailāsayor|

Ānandaikavilāsinīṁ śaśiśatānandānanāṁ kāraṇām|

Mātaḥ śrīkulakuṇḍalīpriyakale kālī kuloddīpane|

Tatsthānaṁ praṇamāmi bhadravanite māmuddhara tvaṁ paśum||8||

Kuṇḍalīśaktimārgasthaṁ
stotrāṣṭakamahāphalam|
Yataḥ paṭhetprātarutthāya
sa yogī bhavati dhruvam||9||

Kṣaṇādeva hi pāṭhena
kavinātho bhavediha|
Pavitraḥ kuṇḍalīyogī
brahmalīno bhavenmahān||10||

Iti te kathitaṁ nātha
kuṇḍalīkomalaṁ stavam|
Etatstotraprasādena
deveṣu gurugīṣpatiḥ||11||

Sarve devāḥ siddhiyutā
asyāḥ stotraprasādataḥ|
Dviparārdhaṁ cirañjīvī
brahmā sarvasureśvaraḥ||12||

Iti rudrayāmalottaratantrāntargate kuṇḍalinīstavaḥ sampūrṇaḥ||

अनुत्तराष्टिका

Anuttarāṣṭikā

Saṅkrāmo'tra na bhāvanā na ca kathāyuktirna carcā na ca
dhyānaṁ vā na ca dhāraṇā na ca japābhyāsaprayāso na ca|
Tatkiṁ nāma suniścitaṁ vada paraṁ satyaṁ ca tacchrūyatāṁ
na tyāgī na parigrahī bhaja sukhaṁ sarvaṁ yathāvasthitaḥ||1||

Saṁsāro'sti na tattvatastanubhṛtāṁ bandhasya vārtaiva kā
bandho yasya na jātu tasya vitathā muktasya muktikriyā|
Mithyāmohakṛdeṣa rajjubhujagacchāyāpiśācabhramo
mā kiñcittyaja mā gṛhāṇa vihara svastho yathāvasthitaḥ||2||

Pūjāpūjakapūjyabhedasaraṇiḥ keyaṁ kathānuttare
saṅkrāmaḥ kila kasya kena vidadhe ko vā praveśakramaḥ|
Māyeyam na cidadvayātparatayā bhinnāpyaho vartate
sarvaṁ svānubhavasvabhāvavimalaṁ cintāṁ vṛthā mā kṛthāḥ||3||

Ānando'tra na vittamadyamadavannaivāṅganāsaṅgava-
ddīpārkendukṛtaprabhāprakaravan naiva prakāśodayaḥ|
Harṣaḥ sambhṛtabhedamuktisukhabhūrbhārāvatāropamaḥ
sarvādvaitapadasya vismṛtanidheḥ prāptiḥ prakāśodayaḥ||4||

Rāgadveṣasukhāsukhodayalayāhaṅkāradainyādayo
ye bhāvāḥ pravibhānti viśvavapuṣo bhinnasvabhāvā na te|
Vyaktiṁ paśyasi yasya yasya sahasā tattattadekātmatā-
saṁvidrūpamavekṣya kiṁ na ramase tadbhāvanānirbharaḥ||5||

Pūrvābhāvabhavakriyā hi sahasā bhāvāḥ sadā'sminbhave
madhyākāravikārasaṅkaravatāṁ teṣāṁ kutaḥ satyatā|
Niḥsatye capale prapañcanicaye svapnabhrame peśale
śaṅkātaṅkakalaṅkayuktikalanātītaḥ prabuddho bhava||6||

Bhāvānāṁ na samudbhavo'sti sahajastvadbhāvitā bhāntyamī
niḥsatyā api satyatāmanubhavabhrāntyā bhajanti kṣaṇam|
Tvatsaṅkalpaja eṣa viśvamahimā nāstyasya janmānyataḥ
tasmāttvaṁ vibhavena bhāsi bhuvaneṣvekopyanekātmakaḥ||7||

Yatsatyaṁ yadasatyamalpabahulaṁ nityaṁ na nityaṁ ca ya-
dyan māyāmalinaṁ yadātmavimalaṁ ciddarpaṇe rājate|
Tatsarvaṁ svavimarśasaṁvidudayādrūpa prakāśātmakaṁ
jñātvā svānubhavādhirūḍhamahimā viśveśvaratvaṁ bhaja||8||

Iti śrīmadācāryābhinavaguptapādair viracitānuttarāṣṭikā samāptā||

भैरवस्तवः

Bhairavastavaḥ

Vyāptacarācarabhāvaviśeṣaṁ
cinmayamekamanantamanādim|
Bhairavanāthamanāthaśaraṇyaṁ
tvanmayacittatayā hṛdi vande||1||

Tvanmayametadaśeṣamidānīṁ
bhāti mama tvadanugrahaśaktyā|
Tvaṁ ca maheśa sadaiva mamātmā
svātmamayaṁ mama tena samastam||2||

Svātmani viśvagate tvayi nāthe
tena na saṁsṛtibhītikathāsti|
Satsvapi durdharaduḥkhavimoha-
trāsavidhāyiṣu karmagaṇeṣu||3||

Antaka māṁ prati mā dṛśamenāṁ
krodhakarālatamāṁ vinidhehi|
Śaṅkarasevanacintanadhīro
bhīṣaṇabhairavaśaktimayo’smi||4||

Itthamupoḍhabhavanmayasaṁvi-
ddīdhitidāritabhūritamisraḥ|
Mṛtyuyamāntakakarmapiśācai-
rnātha namo’stu na jātu bibhemi||5||

Proditasatyavibodhamarīci-
prekṣitaviśvapadārthasatattvaḥ|
Bhāvaparāmṛtanirbharapūrṇe
tvayyahamātmani nirvṛtimemi||6||

Mānasagocarameti yadaiva
kleśadaśātanutāpavidhātrī|
Nātha tadaiva mama tvadabheda-
stotraparāmṛtavṛṣṭirudeti||7||

Śaṅkara satyamidaṁ vratadāna-
snānatapo bhavatāpavidāri|
Tāvakaśāstraparāmṛtacintā
syandati cetasi nirvṛtidhārām||8||

Nṛtyati gāyati hṛṣyati gāḍhaṁ
saṁvidiyaṁ mama bhairavanātha|
Tvāṁ priyamāpya sudarśanamekaṁ
durlabhamanyajanaiḥ samayajñam||9||

Vasurasapauṣe kṛṣṇadaśamyā-
mabhinavaguptaḥ stavamimamakarot|
Yena vibhurbhavamarusantāpaṁ
śamayati janasya jhaṭiti dayāluḥ||

Samāptaṁ stavamidaṁ abhinavākhyaṁ padyanavakam||

स्पन्दकारिका

Spandakārikā

Chapter I.: Svarūpaspanda

Yasyonmeṣanimeṣābhyāṁ
jagataḥ pralayodayau|
Taṁ śakticakravibhava-
prabhavaṁ śaṅkaraṁ stumaḥ||1||

Yatra sthitamidaṁ sarvaṁ
kāryaṁ yasmācca nirgatam|
Tasyānāvṛtarūpatvā-
nna nirodho'sti kutracit||2||

Jāgradādivibhede'pi
tadabhinne prasarpati|
Nivartate nijānnaiva
svabhāvādupalabdhṛtaḥ||3||

Ahaṁ sukhī ca duḥkhī ca
raktaścetyādisaṁvidaḥ|
Sukhādyavasthānusyūte
vartante'nyatra tāḥ sphuṭam||4||

Na duḥkhaṁ na sukhaṁ yatra
na grāhyaṁ grāhakaṁ na ca|
Na cāsti mūḍhabhāvo'pi
tadasti paramārthataḥ||5||

Yataḥ karaṇavargo'yaṁ
vimūḍho'mūḍhavatsvayam|
Sahāntareṇa cakreṇa
pravṛttisthitisaṁhṛtīḥ||6||

Labhate tatprayatnena
parīkṣyaṁ tattvamādarāt|
Yataḥ svatantratā tasya
sarvatreyamakṛtrimā||7||

Na hīcchānodanasyāyaṁ
prerakatvena vartate|
Api tvātmabalasparśā-
tpuruṣastatsamo bhavet||8||

Nijāśuddhyāsamarthasya
kartavyeṣvabhilāṣiṇaḥ|
Yadā kṣobhaḥ pralīyeta
tadā syātparamaṁ padam||9||

Tadāsyākṛtrimo dharmo
jñatvakartṛtvalakṣaṇaḥ|
Yatastadepsitaṁ sarvaṁ
jānāti ca karoti ca||10||

Tamadhiṣṭhātṛbhāvena
svabhāvamavalokayan|
Smayamāna ivāste ya-
stasyeyaṁ kusṛtiḥ kutaḥ||11||

Nābhāvo bhāvyatāmeti
na ca tatrāstyamūḍhatā|
Yato'bhiyogasaṁsparśā-
ttadāsīditi niścayaḥ||12||

Atastatkṛtrimaṁ jñeyaṁ
sauṣuptapadavatsadā|
Na tvevaṁ smaryamāṇatvaṁ
tattattvaṁ pratipadyate||13||

Avasthāyugalaṁ cātra
kāryakartṛtvaśabditam|
Kāryatā kṣayiṇī tatra
kartṛtvaṁ punarakṣayam||14||

Kāryonmukhaḥ prayatno yaḥ
kevalaṁ so'tra lupyate|
Tasmiṁllupte vilupto'smī-
tyabudhaḥ pratipadyate||15||

Na tu yo'ntarmukho bhāvaḥ
sarvajñatvaguṇāspadam|
Tasya lopaḥ kadācitsyā-
danyasyānupalambhanāt||16||

Tasyopalabdhiḥ satataṁ
tripadāvyabhicāriṇī|
Nityaṁ syātsuprabuddhasya
tadādyante parasya tu||17||

Jñānajñeyasvarūpiṇyā
śaktyā paramayā yutaḥ|
Padadvaye vibhurbhāti
tadanyatra tu cinmayaḥ||18||

Guṇādispandaniṣyandāḥ
sāmānyaspandasaṁśrayāt|
Labdhātmalābhāḥ satataṁ
syurjñasyāparipanthinaḥ||19||

Aprabuddhadhiyastvete
svasthitisthaganodyatāḥ|
Pātayanti duruttāre
ghore saṁsāravartmani||20||

Ataḥ satatamudyuktaḥ
spandatattvaviviktaye|
Jāgradeva nijaṁ bhāva-
macireṇādhigacchati||21||

Atikruddhaḥ prahṛṣṭo vā
kiṁ karomīti vā mṛśan|
Dhāvanvā yatpadaṁ gacche-
ttatra spandaḥ pratiṣṭhitaḥ||22||

Yāmavasthāṁ samālambya
yadayaṁ mama vakṣyati|
Tadavaśyaṁ kariṣye'ha-
miti saṅkalpya tiṣṭhati||23||

Tāmāśrityordhvamārgeṇa
candrasūryāvubhāvapi|
Sauṣumne'dhvanyastamito
hitvā brahmāṇḍagocaram||24||

Tadā tasminmahāvyomni
pralīnaśaśibhāskare|
Sauṣuptapadavanmūḍhaḥ
prabuddhaḥ syādanāvṛtaḥ||25||

Chapter II.: Sahajavidyodaya

Tadākramya balaṁ mantrāḥ
sarvajñabalaśālinaḥ|
Pravartante'dhikārāya
karaṇānīva dehinām||1||

Tatraiva sampralīyante
śāntarūpā nirañjanāḥ|
Sahārādhakacittena
tenaite śivadharmiṇaḥ||2||

Yasmātsarvamayo jīvaḥ
sarvabhāvasamudbhavāt|
Tatsaṁvedanarūpeṇa
tādātmyapratipattitaḥ||3||

Tasmācchabdārthacintāsu
na sāvasthā na yā śivaḥ|
Bhoktaiva bhogyabhāvena
sadā sarvatra saṁsthitaḥ||4||

Iti vā yasya saṁvittiḥ
krīḍātvenākhilaṁ jagat|
Sa paśyansatataṁ yukto
jīvanmukto na saṁśayaḥ||5||

Ayamevodayastasya
dhyeyasya dhyāyicetasi|
Tadātmatāsamāpatti-
ricchataḥ sādhakasya yā||6||

Iyamevāmṛtaprāpti-
rayamevātmano grahaḥ|
Iyaṁ nirvāṇadīkṣā ca
śivasadbhāvadāyinī||7||

Svādhyāya

Chapter III.: Vibhūtispanda

Yathecchābhyarthito dhātā
jāgrato'rthān hṛdi sthitān|
Somasūryodayaṁ kṛtvā
sampādayati dehinaḥ||1||

Tathā svapne'pyabhīṣṭārthā-
npraṇayasyānatikramāt|
Nityaṁ sphuṭataraṁ madhye
sthito'vaśyaṁ prakāśayet||2||

Anyathā tu svatantrā syā-
tsṛṣṭistaddharmakatvataḥ|
Satataṁ laukikasyeva
jāgratsvapnapadadvaye||3||

Yathā hyartho'sphuṭo dṛṣṭaḥ
sāvadhāne'pi cetasi|
Bhūyaḥ sphuṭataro bhāti
svabalodyogabhāvitaḥ||4||

Tathā yatparamārthena
yena yatra yathā sthitam|
Tattathā balamākramya
na cirātsampravartate||5||

Durbalo'pi tadākramya
yataḥ kārye pravartate|
Ācchādayedbubhukṣāṁ ca
tathā yo'tibubhukṣitaḥ||6||

Anenādhiṣṭhite dehe
yathā sarvajñatādayaḥ|
Tathā svātmanyadhiṣṭhānā-
tsarvatraivaṁ bhaviṣyati||7||

Glānirviluṇṭhikā dehe
tasyāścājñānataḥ sṛtiḥ|
Tadunmeṣaviluptaṁ ce-
tkutaḥ sā syādahetukā||8||

Ekacintāprasaktasya
yataḥ syādaparodayaḥ|
Unmeṣaḥ sa tu vijñeyaḥ
svayaṁ tamupalakṣayet||9||

Ato vindurato nādo
rūpamasmādato rasaḥ|
Pravartante'cireṇaiva
kṣobhakatvena dehinaḥ||10||

Didṛkṣayeva sarvārthā-
nyadā vyāpyāvatiṣṭhate|
Tadā kiṁ bahunoktena
svayamevāvabhotsyate||11||

Prabuddhaḥ sarvadā tiṣṭhe-
jjñānenālokya gocaram|
Ekatrāropayetsarvaṁ
tato'nyena na pīḍyate||12||

Śabdarāśisamutthasya
śaktivargasya bhogyatām|
Kalāviluptavibhavo
gataḥ sansa paśuḥ smṛtaḥ||13||

Parāmṛtarasāpāya-
stasya yaḥ pratyayodbhavaḥ|
Tenāsvatantratāmeti
sa ca tanmātragocaraḥ||14||

Svarūpāvaraṇe cāsya
śaktayaḥ satatotthitāḥ|
Yataḥ śabdānuvedhena
na vinā pratyayodbhavaḥ||15||

Seyaṁ kriyātmikā śaktiḥ
śivasya paśuvartinī|
Bandhayitrī svamārgasthā
jñātā siddhyupapādikā||16||

Tanmātrodayarūpeṇa
mano'hambuddhivartinā|
Puryaṣṭakena saṁruddha-
stadutthaṁ pratyayodbhavam||17||

Bhuṅkte paravaśo bhogaṃ
tadbhāvātsaṃsaredataḥ|
Saṃsṛtipralayasyāsya
kāraṇaṃ sampracakṣmahe||18||

Yadā tvekatra saṃrūḍha-
stadā tasya layodayau|
Niyacchanbhoktṛtāmeti
tataścakreśvaro bhavet||19||

Chapter IV.: Epilogue

Agādhasaṁśayāmbhodhi-
samuttaraṇatāriṇīm|
Vande vicitrārthapadāṁ
citrāṁ tāṁ gurubhāratīm||1||

Labdhvāpyalabhyametajjñānadhanaṁ hṛdguhāntakṛtanihiteḥ|
Vasuguptavacchivāya hi bhavati sadā sarvalokasya||2||

शिवदृष्टि

Śivadṛṣṭi

Chapter I.

Asmadrūpasamāviṣṭaḥ
svātmanātmanivāraṇe|
Śivaḥ karotu nijayā
namaḥ śaktyā tatātmane||1||

Ātmaiva sarvabhāveṣu
sphurannirvṛtacidvibhuḥ|
Aniruddhecchāprasaraḥ
prasaraddṛkkriyaḥ śivaḥ||2||

Sa yadāste cidāhlāda-
mātrānubhavatallayaḥ|
Tadicchā tāvatī tāva-
jjñānaṁ tāvatkriyā hi sā||3||

Susūkṣmaśaktitritaya-
sāmarasyena vartate|
Cidrūpāhlādaparamo
nirvibhāgaḥ parastadā||4||

Na param tadavasthāyāṁ
vyavasthaiṣā vyavasthitā|
Yāvatsamagrajñānāgra-
jñātṛsparśadaśāsvapi||5||

Sthitaiva lakṣyate sā ca
tadviśrāntyā tathā phale|
Evaṁ na jātucittasya
viyogastritayātmanā||6||

Śaktyā nirvṛtacittvasya
tadabhāgavibhāgayoḥ|
Yadā tu tasya ciddharma-
vibhavāmodajṛmbhayā||7||

Vicitraracanānānā-
kāryasṛṣṭipravartane|
Bhavatyunmukhitā cittā
secchāyāḥ prathamā tuṭiḥ||8||

Sā ca dṛśyā hṛduddeśe
kāryasmaraṇakālataḥ|
Praharṣāvedasamaye
darasandarśanakṣaṇe||9||

Anālocanato dṛṣṭe
visargaprasarāspade|
Visargoktiprasaṅge ca
vācane dhāvane tathā||10||

Eteṣveva prasaṅgeṣu
sarvaśaktivilolatā|
Kutsite'kutsitasya syā-
tkathamunmukhateti cet||11||

Rūpaprasārarasato
garhitatvamayuktimat|
Pañcaprakārakṛtyokti-
śivatvānnijakarmaṇe||12||

Pravṛttasya nimittānā-
mapareṣāṁ kva mārgaṇam|
Gacchato nistaraṅgasya
jalasyātitaraṅgitām||13||

Ārambhe dṛṣṭimāpātya
tadaunmukhyaṁ hi gamyate|
Vrajato muṣṭitāṁ pāṇeḥ
pūrvaḥ kampastadekṣyate||14||

Bodhasya svātmaniṣṭhasya
racanāṁ prati nirvṛtiḥ|
Tadāsthāpravikāso ya-
stadaunmukhyaṁ pracakṣate||15||

Kiñciducchūnatā saiva
mahadbhiḥ kaiściducyate|
Tasyecchā kāryatāṁ yātā
yayā secchaḥ sa jāyate||16||

Aunmukhyasya ya ābhogaḥ
sthūlaḥ secchā vyavasthitā|
Naicānmukhyaprasaṅgena
śivaḥ sthūlatvabhākkvacit||17||

Goḥ stanātpātataḥ kṣīre
vikārastata eva hi|
Na ca na kṣīramityeṣa
vyapadeśo'sti tatkṣaṇam||18||

Yata icchati tajjñātuṁ
kartuṁ vā secchayā kriyā|
Tasyāḥ pūrvāparau bhāgau
kalpanīyau purā hi yā||19||

Tatkarmanirvṛtiprāpti-
raunmukhyaṁ tadvikāsitā|
Anantaraṁ hi tatkārya-
jñānadarśanaśaktitā||20||

Jñānaśaktistadarthaṁ hi
yo'sau sthūlaḥ samudyamaḥ|
Sā kriyāśaktiruditā
tataḥ sarvaṁ jagatsthitam||21||

Evaṁ sarvasamutpatti-
kāle śaktitrayātmatā|
Na nivṛttā nacaunmukhyaṁ
nivṛttaṁ nāpi nirvṛtiḥ||22||

Yadekataraniryāṇe
kāryaṁ jātu na jāyate|
Tasmātsarvapadārthānāṁ
sāmarasyamavasthitam||23||

Ghaṭādigrahakāle'pi
ghaṭaṁ jānāti sā kriyā|
Jānāti jñānamatraiva
niricchorvedanakṣatiḥ||24||

Aunmukhyābhāvatastasya
nivṛttirnirvṛtiṁ vinā|
Dveṣye pravartate naiva
na ca vetti vinā citam||25||

Buddhiṁ vinā kathaṁ bodhaḥ
sā buddhiḥ prakṛteḥ prajā|
Na ca tasya tayā yoga
iti cedaparasthitau||26||

Sā buddhiryatpunaḥ sūkṣmaṁ
sarvadikkaṁ vyavasthitam|
Jñānaṁ bodhamayaṁ tasya
śivasya sahajaṁ sadā||27||

Nyāyādibhirna tulyatvaṁ
tairhi yā prākṛtī matiḥ|
Tasyā evātmadharmatva-
miṣṭaṁ na parabodhake||28||

Eṣa eva hi vijñeyo
nyāya icchāṁ prati sphuṭam|
Tadevaṁ prasṛto devaḥ
kadācicchaktimātrake||29||

Bibharti rūpamicchātaḥ
kadācijjñānaśaktitaḥ|
Sadāśivatvamudrekā-
tkadācidaiśvarīṁ sthitim||30||

Kriyāśaktisamābhogā-
tkadācitsthūlavedanāt|
Vidyātvavidyeśānatva-
mantramantreśvarātmatām||31||

Ātmapracchādanakrīḍāṁ
kurvato vā kathañcana|
Māyārūpamitītyādi
ṣaṭtriṁśattattvarūpatām||32||

Bibhradbibharti rūpāṇi
tāvatā vyavahārataḥ|
Yāvatsthūlaṁ jaḍābhāsaṁ
saṁhataṁ pārthivaṁ ghanam||33||

Tathā nānāśarīrāṇi
bhuvanāni tathā tathā|
Visṛjya rūpaṁ gṛhṇāti
protkṛṣṭādhamamadhyamam||34||

Sthānānurūpato dehā-
ndehākāreṇa bhāvanāḥ|
Ādadattena tenaiva
rūpeṇa pravibhāvyate||35||

Krīḍayā duḥkhavedyāni
karmakārīṇi tatphaleḥ|
Sambhatsyamānāni tathā
narakārṇavagahvare||36||

Nivāsīni śarīrāṇi
gṛhṇāti parameśvaraḥ|
Yathā nṛpaḥ sārvabhaumaḥ
prabhāvāmodabhāvitaḥ||37||

Krīḍankaroti pādāta-
dharmāṁstaddharmadharmataḥ|
Tathā prabhuḥ pramodātmā
krīḍatyevaṁ tathā tathā||38||

Itthaṁ śivo bodhamayaḥ
sa eva paranirvṛtiḥ|
Saiva conmukhatāṁ yāti
secchājñānakriyātmatām||39||

Saiva śāktaśarīrādi-
nārakāntaṁ hi bhūtatā|
Prasūyate svacidrūpa-
pramukhaṁ pārthivāntakam||40||

Padārthatvena bhagavā-
nsarvatraiva tadātmatā|
Svaśivatvamivājāna-
npaśvātmavyapadeśataḥ||41||

Tadrūpatvena vā paśya-
nsthitaḥ śānta iva kvacit|
Kevaleśadṛdhatvena
kvacitkevalaśambhutā||42||

Aprabuddho niṣkalaśca
kvacitpralayakevalī|
Ātmabodhī vikalava-
tkvacidvijñānakevalī||43||

Yogināmicchayā yadva-
nnānārūpopapattitā|
Nacāsti sādhanaṃ kiñci-
nmṛdādīcchāṃ vinā prabhoḥ||44||

Tathā bhagavadicchaiva
tathātvena prajāyate|
Dṛśyante'tra tadicchāto
bhāvā bhītyādiyogataḥ||45||

Tatra mithyāsvarūpaṃ ce-
tsthāpyāgre satyatedṛśām|
Evaṃ sarveṣu bhāveṣu
yathā sā śivarūpatā||46||

Nīrūpatā nirvṛtirvā
śaktitritayayogitā|
Sacitvaṃ saṃsthitaṃ nityaṃ
kathanīyaṃ tathāgrataḥ||47||

Evaṃ sarvapadārthānāṃ
samaiva śivatā sthitā|
Parāparādibhedo'tra
śraddadhānairudāhṛtaḥ||48||

Evaṃ bhedātmakaṃ nityaṃ
śivatattvamanantakam|
Tathā tasya vyavasthānā-
nnānārūpe'pi satyatā||49||